KB080019

마음, 소리 내어 읽다

마음, 소리 내어 읽다

초판 1쇄 인쇄 | 2022년 7월 11일
초판 1쇄 발행 | 2022년 7월 25일

지은이 이지현
발행인 이승용

편집주간 이상지 | 편집 임경미
마케팅 이정준 정연우
북디자인 이영은 | 홍보영업 백광석
기획 백작가

브랜드 치읓
문의전화 02-518-7191 | 팩스 02-6008-7197
홈페이지 www.shareyourstory.co.kr
이메일 publishing@lovemylif2.com

발행처 (주)책인사
출판신고 2017년 10월 31일(제 000312호)
값 14,000원 | ISBN 979-11-90067-57-7 (03320)

 네이버 포스트 [책인사]
바로가기

 네이버 카페 [책인사]
바로가기

마음, 소리 내어 읽다

말하는 대로 원하는 모든 것이 이루어지는 시간

이지현 지음

꽃

오랜만에 마음에서 우러나오는 추천사를 쓰게 되었다.

그만큼 이지현의 글이 사람의 마음에 공명을 불러일으키는 강력한 힘을 지니고 있다는 반증일 것이다.

물 흐르는듯 자연스럽고 매끄러운 문장, 눈물 젖은 빵을 먹어본 사람만이 비슷한 눈높이에서 나눌 수 있는 따뜻한 공감과 위로의 메시지, 지나치게 관념적이거나 이상에 치우지지 않아 곧바로 우리 삶에 적용 가능한 구체적, 현실적 대안들이 그녀만의 목소리로 책에 녹아들어 있다.

기쁜 마음으로 이 책의 독자가 되어볼 것을 강력하게 추천하니 고맙구나 책이여, 이 세상에 태어나줘서!

양광모 ｜《한 번은 시처럼 살아야 한다》,《사람이 그리워야 사람이다》등 출간

＊＊

행복이 행복이 아니고 고통이 고통이 아님을!

그 모든 게 지금 내 삶의 축복임을! 나는 이 책을 읽고 알았다.

고명환 ｜ 개그맨, 작가, 메밀꽃이피었습니다 대표

깊은 심연 속에서 길을 잃은 당신, 어떻게 할까요? 방법이 있습니다. 마음을 글로 쓰고, 소리 내어 읽는다면 밝은 햇빛이 비치는 수면 위로 올라올 수 있습니다.

이 책은 마음을 치유하는 에세이면서, 우리들의 성장 이야기이기도 합니다. 《마음, 소리 내어 읽다》에 동참하시길 바랍니다.

조형권 ǀ 《적벽대전, 이길 수밖에 없는 제갈량의 전략기획서》,
《인생의 절반쯤 왔을 때 논어를 읽다》 등 출간

**

일상의 쉼표 같은 책이다. 책을 읽다 보면 바쁘게 돌아가는 일상을 멈추고 지금, 이 순간에 귀를 기울이게 된다.

삶을 윤택하고 풍요롭게 만들고 싶은 이들에게 추천한다.

이병하 ǀ 플립커뮤니케이션즈 대표

소리 내어 읽다,
마음의 소리를 듣다

깜깜하고 고요한 새벽시간. 고요함에 귀를 기울이면 모든 소리가 살아난다. 소리가 끊어진 정적이 아닌 소리가 깨어나는 시간이다. 고정되어 있고 가려져 있던 모든 것들에 소리가 있음을 발견한다. 가전제품마다 저마다의 숨소리가 있고 수도꼭지에서 떨어지는 물방울 하나까지 또렷하고 선명하게 자신의 존재를 드러낸다.

오직 이 시간에만 들을 수 있는 소리가 있다. 잠에서 덜 깨어거칠고 묵직한 나의 숨소리, 이완된 몸에서 나오는 진짜 내 목소리, 온갖 상념과 잡념에 묻혀있던 내면의 목소리까지. 내 안에서흘러나오는 이 소리를 듣기 위해 나의 하루는 일찍 시작된다. 고요한 시간을 사수하고자 더 자고 싶은 마음을 어르고 달래어 이

불 밖으로 빠져나온다.

방에서 나오면 가장 먼저 부엌 식탁 등을 켠다. 한낮에는 켜나 마나 할 정도로 보잘것없던 불빛은 환한 빛을 뿜어낸다. 무대 위에 주인공을 비추는 불빛처럼 식탁 등은 나를 주인공으로 만들어 준다. 그 불빛 아래에서 글을 쓰고 낭독을 하며 나를 만난다. 나 자신과 대화하는 기분이 든다.

나 자신을 따뜻한 눈길로 세심하게 돌아보자 강박이라는 이름으로 덮어두었던 결핍들이 하나씩 실체를 드러낸다. 나약하다고 질책하고, 돌보지 않아 상처받은 내면 아이와 이제 용기를 내어 대면할 시간이었다.

20년이 넘는 시간 동안 매달 그날이 되면 죽고 싶었다. 내 몸은 모든 순환을 멈춘 듯 얼음처럼 차가워졌고 골반 위쪽으로 쥐어짜는 통증과 함께 토사곽란까지 겹쳐 삽시간에 나를 만신창이로 만들었다. 어떤 날은 화장실까지 갈 힘이 없어 침대에서 얼굴만 내밀고 방바닥에 구토를 하기도 했고, 고등학교 때는 시험을 못 본 날도 있었다. 진통제 한 통을 다 비워내야 하루가 끝이 났다. 이 고통을 다음 달, 또 그다음 달에도 겪어야 한다는 사실을 감당하기 어려워 죽는 게 낫다고 생각했다. 그리고 자책했다.

'고작 생리통 때문에 죽고 싶다니…. 나라는 인간은 너무 나약해.'

아무리 마음을 다잡아도 막상 그날이 되면 속수무책이었다.

사회생활을 하게 되면서 그 아픔은 내 약점이자 치부가 되어 내 삶을 피폐하게 만들었다. 날짜까지 불규칙해 언제 찾아올지 모르는 공포에 불안해했다. 할 수 있는 것이라곤 무기력하게 달력을 들춰보는 것뿐이었다. 사람들 앞에 서야 하는 방송 일을 하다 보니 그날의 아픔은 나를 더욱 긴장하게 만들었다. 미리 걱정하는 버릇과 불안, 긴장은 그렇게 나의 세포 하나하나에 깊숙이 뿌리를 내렸다.

어린 나이부터 겪었던 그 아픔의 정도를 객관적으로 들여다보게 된 것은 서른이 훌쩍 넘어서였다. 산통과 요로결석을 겪고 너무나 익숙한 아픔에 매우 당황스러웠다. 아픔의 양상이 거의 같았다. 매달 아이를 낳는 고통을 겪으면서도 적극적으로 치료하기보다 정신력으로 이겨내야 한다고 생각했던 과거의 내가 말할 수 없이 안타깝고 안쓰러웠다. 인간은 언제 끝날지 모르는 고통에 무력할 때 가장 우울해진다고 한다. 겉으로는 밝고 강한 척했지만, 감정의 기본 베이스가 우울감으로 가득했던 이유와 늘 불안과 긴장 속에 살아온 내 삶이, 비로소 온전히 이해되었다.

긴 시간 나를 괴롭혔던 그 아픔은 아이를 낳고 잦아들었다. 마음을 돌보면서 상처받은 내면도 건강해졌다. 지난날의 나를 부정하거나 습관처럼 후회하고 미리 걱정하는 마음의 습관 역시 조금씩 내려놓는 중이다. 나와의 대화가 깊어지면서 오랜 시간 몸의 일부처럼 달라붙어 있던 우울증과 불면증으로부터도 벗어날 수 있게 되었다. 몸과 마음은 하나로 연결되어 있고 나를 사랑하는 것이 곧 치유임을 깨달았다.

새벽마다 소리 내어 읽는 문장들이 내면의 나침반이 되어 중심을 잡고 흔들리지 않도록 도와준다. 말에는 엄청난 에너지가 있다. 아침에 들었던 음악을 나도 모르게 온종일 흥얼거리듯, 하루를 시작하는 아침에 내뱉은 나의 말들이 하루의 분위기를 만든다. 마음을 어루만져주고 용기를 주는 소중한 글들을 소리 내어 읽고, 내 목소리에 귀를 기울이면 평온이 찾아온다.

사실 이 책은 많은 이들이 낭독의 즐거움과 효과를 맛보았으면

하는 바람으로 쓰기 시작했다. 거창하게 낭독 입문서까지는 아니더라도 낭독의 매력을 전하고 싶었다. 하나의 독서법을 넘어, 마음 챙김의 도구로서도 낭독이 얼마나 큰 힘을 가졌는지 알려주고 싶었다. 그런데 이런 첫 마음과 달리 쓰다 보니, 아니 쓰고 보니 나의 마음 성장 스토리가 되어버렸다. 가까운 이들에게도 쉽게 말하지 못했던 지극히 개인적인 경험과 생각들이 버무려진 마음 성장의 과정과 나를 찾아가는 여정이 담겨있다.

시대의 지성이라 불리던 이어령 선생님이 얼마 전 작고하셨다. 그는 죽음을 목전에 두고 깨달은 마지막 메시지를, 책을 통해 이렇게 전했다. 내 힘으로 이루어냈기에 내 것인 줄 알았던 모든 것이 선물이었다고. 인생 자체를 선물로 받아들여야 한다고.

돌아보니 이 작은 책 한 권도 내 힘으로 써 내려간 것이 아니었다. 한결같은 사랑과 지지를 보내주시는 부모님, 내적 성장을 도운 남편, 또 하나의 자아인 아들을 포함한 내 가족이 있었고, 주저할 때마다 끊임없이 용기를 준 거울 같은 친구가 있었다. 사색할 수 있는 공간을 제공해준 대학 동기, 함께 성장해 나가는 작가 친구들, 따뜻한 이웃들, 마음의 치유를 안겨준 수많은 책, 나의 유튜브 채널에 사랑과 관심을 보내준 구독자분들까지 많은 이들의 힘으로 책 한 권이 완성되었다.

견디며 머물러 있던 삶 속에 있던 내가, 희망을 길어 올려 쓰는 사람으로 나아가게 해준 그들에게 감사의 마음을 전하고 싶다.

선물과도 같은 값진 삶을 풍요롭게 만들기 위해 나는 오늘도 마이크를 켠다. 고요한 시간에 깨어있는 마음으로 나의 목소리에, 세상의 모든 소리에 귀를 기울인다.

3 장

마 음 , 주 다

SODA's the Original Script #3

'나는 날마다 모든 면에서 점점 더 좋아지고 있다'

4 장

마 음 , 채 우 다

SODA's the Original Script #4

'당신에게 중요한 '단 하나'는 무엇입니까?'

5장

마음, 듣다

SODA's the Original Script #5

'오늘부터 나는 새로운 인생을 시작한다'

6장

마음, 읽다

에필로그

때로는 목적지보다 그곳으로 가는 길이 더 아름답다

1장

마음, 먹다

Sometimes even to live is an act of courage.

"때로는 살아있는 것조차도
용기가 될 때가 있다."

—세네카

✤

'내 삶의 모든 것은
전적으로 내 책임'이라는 믿음이다

24시간 깨어 있는 날이 허다했다. 이렇게 살다가 곧 죽을
수도 있겠다는 생각을 자주 했다. 사실 죽고 싶다는 생각을
더 자주 했다. '닭이 먼저냐 달걀이 먼저냐'와 같이 우울증과
불면증의 인과관계가 모호했다. 평소 짧고 굵게 사는 게 소
원이라 말하던 나는 굵기는커녕 얇디얇은 허약한 삶을 살고
있었다. 죽을 용기조차 없는 나 자신이 답답하고 초라했다.

성대가 예민해 컨디션에 따라 목소리가 급격히 달라졌다.
이런 예민한 성대를 가지고 방송 일을 한다는 건 힘든 일이었

다. 그러나 약한 체력 때문에 새로운 일에 도전하는 것도 망설여졌다. 그저 약한 몸을 저주하며 시간을 허비할 뿐이었다.

그러던 어느 날 이런 내 저주가 통했는지 갑상선에 악성 종양이 발견됐다. 결국 치료를 위해 갑상선 전체를 잘라내야 했고, 안 그래도 약했던 체력은 더 바닥을 쳤다. 그때 난 나약한 의지력은 약한 몸 탓이고, 이 약한 몸은 자식이 많다는 이유로 건강을 돌봐주지 못한 부모님 탓이라고 생각했다. 탓을 하는 그 순간만은 마음이 가벼워지는 듯했다. 탓이라도 붙들고 있어야 하루를 버틸 수 있었다.

정말 버티는 삶이었다. 그런 내게 또 한 번의 고난이 찾아왔다. 임신이었다. 주차가 늘어갈수록 컨디션이 더 최악으로 치달았다. 더는 버티지 못하고 도망치듯 임신 5개월 차에 회사를 그만두었다.

그리고 임신 8개월 차가 됐을 때, 정기 검진에서 배 속 아이의 심장이 멈춰있다는 걸 알게 됐다. 도저히 믿을 수 없어 대학병원을 찾아갔지만 결과는 같았다. 정확한 이유는 알 수 없다고 했다. 게다가 슬픔을 다 헤아리기도 전에 아이의 죽음만큼이나 받아들이기 힘든 현실을 마주해야 했다. 다음 임신을 위해 유도분만으로 아이를 낳아야 한다는 것이었다. 심장이 멈춘 아이를 어떻게 낳아야 할지 머리가 아득해졌다. 망연자실한 상태로 병원에 입원했고 20여 시간의 진통 끝에 아이를 낳았다. 내 몸속에서 아이가 빠져나오는 느낌은 분명했지만, 아이의 울음소리는 들리지 않았다.

아이의 얼굴을 차마 볼 수 없었다. 1주일 전 찍었던 입체 초음파 속 얼굴로 상상해 볼 뿐이었다. 분만 후 부모님과 남편이 검은색 정장을 입고 장례식을 치르고 왔다. 아이가 태어나면 입히려고 준비해 둔 배냇저고리를 입혀 화장했다는 말만 전해 들었다. 그렇게 나의 첫 임신과 출산은 잊을 수 없는 고통으로 각인되었다. '생명의 탄생'이 아닌 '죽음'으로.

고요하고 싸늘한 분만실의 분위기와 차가운 공기가 잊히지 않았다. 그 뒤로는 수면제를 먹고도 잠들지 못했다. 우울증과 불면증이 점점 더 심각해졌다. 그 당시 가장 듣기 싫었던 말이, 몸이 피곤하면 잠은 저절로 온다는 말이었다. 마치 불면증을 몸 편한 이들의 전유물 정도로 가볍게 생각하는 그들의 말이 잘못되었다는 것을 증명해 보이려는 듯이, 그때의 나는 쓰러질 정도로 걷고 또 걸었다. 육체는 겨우 살아있었지만 정신은 늘 혼탁한 상태로 과거에 바짝 매여 있었다. 과거에 살수록 탓의 대상은 더 늘어갔다.

그런 내게 전환점이 찾아왔다. 두 번째 임신이었다.

첫 아이의 죽음의 이유를 알지 못했기 때문일까? 두 번째 임신이 반갑지만은 않았다. 불면증은 극에 달해 임신 기간 내내 잠을 이루지 못했다. 배가 불러올수록 불안 증상은 심해졌고 눈 다래끼 하나에도 호들갑을 떨며 병원을 찾았다.

그렇게 심약한 상태에서 하필이면 또 임신 8개월에 의사 선생님으로부터 청천벽력과 같은 이야기를 들었다. 자궁에 거꾸로 자리를 잡은(역아 상태) 아이가 다리를 펴고 탯줄을 감고 있어 위험할 수 있다는 것이었다. 그 말을 듣자 불안증이 더 심각해졌고, 정신건강을 우려한 의사 선생님의 권유로 예정일보다 빨리 수술 날짜를 잡게 되었다.

분만실로 들어가는데 온갖 두려움이 밀려왔다. '또 심장이 멈춘 아이를 낳으면 어쩌지. 아이의 울음소리가 들리지 않으면…' 마취 주사를 맞기 전까지 불안과 두려움에 온몸이 사시나무처럼 떨렸다. 마취에서 깨어나자마자 간호사가 살아 있는 아기를 보여주었고, 아이의 실물을 확인하는 순간 끝도 없이 찾아오던 불안이 썰물처럼 사라졌다.

조리원에 들어간 지 만 하루가 지나고서야 아이를 안아볼 수 있었다. 어색하게 받아든 갓난아기를 요리조리 뜯어보다 눈물이 쏟아졌다. 배 속에 있을 때 자주 부르던 태명으로 아이에게 말을 걸고 싶었지만 목이 메어 말이 나오지 않았다. 이 자그마한 생명체의 실물을 보기 전까지 불안해하며 보냈던 지난 시간이 정신없이 스쳐 지나갔다.

그러다 아이가 태어난 지 두 달도 채 안 됐을 때 사건이 벌어졌다. 불면의 태교 때문인지 아이가 밤낮으로 잠을 자지 않아 지쳐가던 어느 날이었다. 밤새 우는 아이에게 쪽쪽이라도 물려볼 요량으로 찾아봤지만, 소독된 것이 한 개도 없었다. 급한 대로 끓인 물로 소독해야겠다는 생각에 왼팔로 우는 아이를 들쳐 안고 손에 쪽쪽이를 쥐었다. 그리곤 오른손으로는 전기주전자를 들고 뜨거운 물을 붓고 있었는데 갑 자기 아이가 자지러지게 울기 시작했다. 아이의 왼팔에 펄펄 끓은 물이 닿았던 것이다. 그 일로 태어난 지 며칠 되지 않은 아이는 무더운 여름, 팔에 붕대를 감고 한 달 넘게 대학병원을 오가야 했다. 오랜 시간 잠을 못 자 정신이 없어 생긴 일이라고 변명할 수는 있어도 완벽한 내 탓임을 부정할 수 없었다.

정신이 번쩍 들었다. 내가 먹이고 씻기고 입히지 않으면 혼자서는 아무것도 할 수 없는 연약한 생명을 엄마라는 이름으로 책임지며 나는 조금씩 강해졌다. 탓이라 게 전혀 통하지 않는 존재가 생겼기 때문이다. 모든 게 내 책임 같고 내 탓 같은 존재를 매일 마주해야만 했다. 아이가 아파도 내 탓, 못 먹어도 내 탓, 잠 안 자고 밤새 울어도 내 탓으로 느껴졌다. 얇고 긴 인생이어도 괜찮으니 이 연약하고 사랑스러운 존재를 제대로 키워내야 한다는 책임감이 깊게 뿌리를 내렸다.

아이를 통해 진정한 사랑을 체험하고 중요한 사실을 하나 깨달았다. 온전히 책임져야 할 존재에게는 탓을 할 수 없다는 것을. 누군가를 탓하며 보냈던 지난날의 나는, 스스로를 책임지지도 사랑하지도 않았음을 인정해야 했다. 모두 내 탓이었다. 내 삶을 타인에게 내주었기에 마음껏 탓할 수 있었다는 무지함에 얼굴이 화끈거렸다.

나에게 치유의 대명사와 같은 정신적 스승인 루이스 L. 헤이는 말한다.

"힘은 항상 현재에 있으며 과거는 바꿀 수 없지만 과거에 대한 생각은 바꿀 수 있다."

과거의 탓은 잊어버리고 지금 이 순간부터 내 삶은 온전히 내 책임이며 내 탓이라는 믿음을 마음 깊이 새겨 넣어 본다.

<u>소리 내어 읽다</u>

당신이 가진 문제는 더 이상 당신을 괴롭히지 않는다.

문제가 생긴 근본 원인을 알고 나면 더 이상 문제는 아무런 의미가 없다.

당신은 문제에서 벗어날 수 있다.

당신의 머릿속에서 생각할 수 있는 사람은 오직 당신뿐이다!

과거에 당신이 가졌던 생각과 믿음이 당신을 지금 이 순간까지 이끌었다.

지금 당신이 믿고 생각하고 말하기로 선택한 것들이

다음 순간과 다음날과 다음해를 만든다.

바로 당신이 말이다!

―루이스 L. 헤이, 『치유』

✤

당연한 건 없다

두 번의 출산을 경험했지만 내 곁에 있는 아이는 하나다.

3년이라는 시간 동안 두 번의 임신과 출산, 죽음과 탄생을 모두 경험하면서 한 가지 사실을 깨닫게 됐다. 이 세상에 당연한 건 없다는 것이다. 결혼하면 당연히 임신하고 임신하면 당연히 아이를 낳는 줄 알았다. 당연히 자연분만으로 낳을 줄 알았던 지금의 아이는 수술을 통해 낳았다.

첫 아이를 잃고 얼마 되지 않아, 마음의 치유를 위해 찾아간 이탈리아에서 미켈란젤로의 작품 피에타를 보았다. 바티칸 시국 내 성 베드로 성당에 있는 피에타는 예술 그 자체였다. 조물주가 아닌 한 인간이 이토록 아름답고 섬세한 조각품을 만들었다는 것에 감탄하며 한참을 넋을 놓고 바라보았다. 피에타는 십자가에 매달려 죽은 예수가 어머니인 성모 마리아의 무릎에 놓인 모습을 묘사한 조각품이다. 피에타를 사진으로 멋지게 남기고 싶은 마음에 여러 각도로 사진을 찍고 있는데 성모 마리아와 예수의 표정이 눈에 들어왔다. 앳된 얼굴로 슬퍼 보이는 성모 마리아의 표정과 달리 엄마 품에 안겨 잠든 듯 누워있는 예수의 표정은 평온해보였다. 한참 동안 예수의 얼굴을 바라보다 순간 예수의 얼굴에서 초음파 사진으로만 기억하는 아이의 얼굴이 보였다.

그때 아이도 예수와 같은 표정을 하고 있었다. 나도 모르게 뺨 위로 뜨거운 눈물이 흘렀다. 그 편안한 표정에서 알 수 없는 위안을 느꼈다. 떠올리는 것조차 괴로워 고통스러운 존재로 각인되었던 그 아이가 이제 괜찮다고, 더 이상 아파하지 말라고 말해주는 듯했다. 그러자 내 호흡과 심장 소리가 크게 들릴 만큼 마음이 고요해졌다. 믿기지 않던 아이의 죽음을 온몸으로 받아들이게 됐던 순간이 아니었는지, 지금에서야 짐작해본다.

"마음을 완전히 치유하려면 당신이 겪은 상실과 그로 인한 슬픔을 정확히 인식해야 합니다. (중략) 오직 당신만이 자신이 경험한 상실과 슬픔을 진정으로 알아볼 수 있습니다. 그것을 치유할 수 있는 사람은 바로 당신, 오로지 당신 자신뿐이기 때문입니다."

—루이스 L. 헤이 · 데이비드 A. 케슬러,

『루이스 헤이의 치유수업』

고통이 아픔을 넘어서면 삶을 통찰하게 한다. 니체는 고통이 아픔을 준다는 것이 고통에 반대하는 논거가 될 순 없다며 '고통에 대한 처방은 고통'이라고 말했다. 상실의 아픔으로 인한 고통의 시간을 지워버릴 수는 없지만 아팠던 시간들을 어떻게 정의하느냐는 자신의 생각에 달려있다. 고통에 살을 붙여 고통의 부피를 키울 수도 있고, 고통을 성장의 기회로 받아들이고 나아갈 수도 있다. 삶의 태도가 '저항'이 아닌 '수용'으로 전환되면 작은 일에도 기뻐하며 감사할 수 있고, 세상만물의 아름다움도 쉽게 발견할 수 있다.

당연하다고 생각할수록 당연하지 않은 결과를 받아들이기 어렵다. 반대로 당연한 것은 없다는 걸 받아들이면 어떤 고통도 흘려보낼 수 있고, 경험으로 승화시킬 수 있다. 부정하고 저항하는 마음 대신 받아들이는 마음의 자세를 가지게 되는 것이다. 이 세상 모든 존재가 당연하지 않기에 길가에 핀 들꽃 한 송이도 귀하고 아름답다. 오늘 이 하루, 지금 이 순간 어디 하나 당연한 건 없다. 내가 누리는 모든 편안함과 평화. 이 모두가 누군가의 노력과 희생에 의해 만들어졌다.

당연한 것은 없다는 사실을 깨닫자, 아이의 첫 옹알이, 첫 걸음마, 아이와 함께하는 모든 일상에서 가슴 벅찬 감사함을 느끼게 되었다. 지극히 평범한 모습으로 건강하게 성장하고 있는 아이의 모습에 감사하고 또 감사하다보니 깊게 패인 마음의 상처가 조금씩 아물어가고 있다.

고통스러웠으나 아이의 죽음을 통해 생명의 소중함과 감사함을 배울 수 있었고, 당연하게 여기던 것들의 가치를 알아볼 수 있는 마음의 눈을 갖게 되었다. 상실과 고통이 지금의 나를 있게 만들어준 원동력이 되었다. 이제 나는 지난 과거의 고통을 트라우마가 아닌 성장통으로 바라보고 받아들이고자 한다. 삶의 태도를 정하는 것은 오직 나의 몫이다.

❧

결국 모든 것은 내 안에 있다

그와 나는 하나부터 열까지 아니, 하나부터 백까지 달랐다. 단 한 개의 공통점도 찾을 수 없었다. 이가 맞지 않는 톱니바퀴처럼 덜그럭거릴 수밖에 없는 관계라고 단정지었다. 식성, 성격, 가치관, 취미 어느 하나 비슷하기는커녕 달라도 너무 달랐다. 잘못된 결혼이라는 후회가 끝도 없이 밀려왔다. 짧은 연애였다고 변명하고 싶지만 사실 결혼 전에도 나와 많이 다르다는걸 알고 있었다. 대체 왜 알면서도 그와 결혼했을까? 사랑에 눈이 멀어 선택한 결혼이면 추억이라도 소환해 보겠지만 딱히 떠올려볼 아름다운 사랑의 추억조차 없어 서글펐다. 유행에 끌려 골라 입고 철 지나면 버려도 되는 옷을 고르듯 결혼을 쉽게 선택해 버린 건 아닌지. 남자가 어자보다 많이 좋아하면 결혼해서 잘 산다는 근거 없는 말을 믿고 싶었는지도 모른다. 아니, 힘든 현실을 벗어나기 위한 도피처로 여겼을 수도 있다. 철없는 어린 나이도 아니고 서른이 넘어 한 결혼이었는데도 말이다.

이런 상황이니 결혼생활이 순탄할 리 없었다. 남들은 깨가 쏟아진다는 신혼 때 우리는 가장 많이 다퉜다. 남편의 모든점이 마음에 들지 않았다. 마치 맞지 않는 옷처럼 답답했다. 시간이 지날수록 그의 모든 행동과 말이 나와 '다르다'가 아닌 '당신은 틀렸다'로 바뀌었고 틀렸으니 바로잡고 싶었다. 그러나 나의 바람과 달리 그는 전혀 달라지지 않았고 싸움은더 잦아졌다.

다툼이 소강상태에 접어든 것은 첫 아이가 잘못되고서부터였다. 아이를 잃고 절망과 슬픔에 빠져있다 문득 이런 생각이 들었다. 이제 아이도 없는데 결혼이라는 것에 얽매여있을 필요가 있을까? 지금보다 관계가 더 틀어지면 언제든

지 헤어져도 괜찮지 않을까? 이런 마음이 들자 마음이 한결 가벼워졌다. 아니 초연해졌다. 마음을 내려놓자 싸울 일이 급격히 줄어들었다. 남편은 틀렸고 나는 옳다가 아닌, 나와 그는 그저 많이 다른 사람이었음을 인정하게 됐다. 남편에게 어떤 변화도 요구하지 않게 되었고, 그동안 그렇게도 마음에 들지 않던 그의 행동과 말에 반응하지 않는 나를 발견했다. 그의 일거수일투족을 마음의 확대경으로 크게 부풀려 쏘아보고 있던 지난날과 달리, 있는 그대로의 모습을 바라볼 수 있었다.

남편과 나는 다사다난한 신혼을 보내고 이제 아이 하나를 둔 평범한 가정을 이루고 살아가고 있다. 그런데 평온이 찾아오자 매우 당황스러운 사실 하나를 맞닥뜨리게 됐다. 나와는 너무도 다른 존재라 여기던 남편에게서 종종 나의 모습을 본다. 남편의 단점이라고 여기며 마음에 들지 않았던 그의 행동과 말 속에 내가 있었다. 인정하고 싶지는 않지만 분명 내 모습이 맞다. 그의 매우 급한 성격에서 나의 조급함을 발견했다. 새로운 도전에 생각이 많아 주저하는 모습 또한 나의 모습과 많이 닮아있었다. 어쩌면 그에게서 내가 싫어하는 나의 모습이 보일 때마다 답답하고 불쾌한 감정이 올라왔는지도 모른다는 생각이 스쳤다.

『데미안』을 다시 읽다가 피스토리우스가 싱클레어에게 한 말이 내 심장을 관통했다. "우리가 보는 사물이란 우리 내면에 있는 것과 똑같아. 내면에 이미 가지고 있는 현실 외에 다른 현실은 없어." 우리 내면에 없는 것은 우리를 흥분시키지 않는다는 헤르만 헤세의 메시지가 온전히 이해되는 순간이다. 『호오포노포노의 비밀』에서 휴렌 박사도 완전히 똑같은 의미의 말을 하고 있다. "당신이 타인에게 불쾌한 무엇인가를 감지했다면 당신의 내면 또한 그것을 갖고 있는 것이다." 결국 남의 티를 발견했다면 내 안에 그 티가 있다는 말이다. 타인의 말과 행동이 나의 무의식 속에 저장되어 있는 나쁜 기억을 건드리거나 내가 싫어하는 나의 모습을 타인에게서 발견하면 불쾌한 감정이 일어난다. 감정으로 반응하는 것이다. 오물이 묻은 렌즈로 깨끗한 세상을 바라볼 수 없듯이, 어떤 선입견도 없는 티 없는 맑은 마음의 눈으로 세상을 바라보면 어떤 티도 존재하지 않는다.

아이에게 유독 격한 감정이 밀려와 화를 내며 다그칠 때가 있는데, 그때도 마찬가지다. 그 마음을 자세히 들여다보면 아이의 모습 속에 내가 있다. 내가 싫어하는 나의 행동과 말을 거울처럼 따라하고 있는 아이에게 화를 내고 있는 것이다. 마음을 요동치게 만든 원인이 타인이 아닌 내 안에 있음을 인정할 수밖에 없었다. 이제는 타인에게서 불쾌한 감정을 느끼면 나의 내면을 살펴볼 신호로 알고 나의 감정을 바라본다. 불쾌한 감정을 저항하거나 표현하지 않고 있는 그대로 바라보며 인정해주면 생각보다 쉽게 마음이 평온해진다.

마음의 평화는 스스로 만드는 것이다. 평화가 깨졌다면 바라봐야 할 곳은 타인이 아닌 오직 나의 내면뿐이다. 타인의 변화를 기대하기보다 내가 먼저 바뀌면 된다. 내가 달라지면 세상도 달라진다. 인생의 모든 답은 내 안에 있다. 지금 이 순간의 평화를 위해 내 마음의 렌즈부터 깨끗하게 닦아야겠다. 마음의 정화가 먼저다.

인생의 목적은 매 순간 사랑을 회복하는 것입니다. 이 목적을 달성하기 위해서는 각자 자신의 삶이 그렇게 된 데 대한 모든 책임이 본인에게 있음을 인정해야 합니다. 매 순간 자신의 삶이 어떤 모습으로 어떤 위치에 있다면 자신의 생각이 그렇게 만들어 놓았다는 점을 명심하세요. 문제는 사람들이나 장소나 상황에 있는 것이 아니라 그것들에 대한 생각에 있습니다.

—조 비테일·이하레아카라 휴 렌 『호오포노포노의 비밀』

❦

치유를 위한 '쓰기'

 과거의 나는 감성은 넘쳐흐르고, 감정은 오르락내리락하
기 바빴다. '나는 어떻다'라는 에고만 가득했을 뿐 사유도 직
관도 부족했다. 뭔가를 하고 싶다는 생각이 들라치면 바로
할 수 없는 이유를 쏟아냈다. 그런데 하고 싶은 일이 생겨도
할 수 없는 이유부터 찾던 내가, 아침마다 일기를 쓰며 달라
지기 시작했다.

 일상의 기록보다는 순간순간 떠오른 기억과 감정을 적는
다. 꺼내 보기조차 싫었던 기억들을 글로 쓰면 내 것이 아
닌 듯 기록되고 남의 것인 양 읽을 수 있다. 흘러가는 시간
과 함께 잊었다고, 사라졌다고 여겼던 것들이 여전히 내 안

에 남아 우울과 두려움이라는 감정으로 재창조되고 있었다는 것을 발견하기도 한다. 묵은 감정들을 돌보지 않으면 썩어서 악취를 풍긴다. 그런 내가 싫어져 거리를 두게 되고, 거리두기가 계속되면 나를 사랑하기 어려워진다.

세상 탓, 직장 탓, 부모 탓, 남편 탓. 이 모든 '탓탓탓'이 무지했기 때문이라는 것을 알게 된 것도 글쓰기 덕분이었다. 활자로 기록된 나의 이야기를 읽는 자가 되어 객관적으로 바라볼 수 있게 됐다. 그동안에는 생각이 많고 예민한 신경의 소유자이기에 그 누구보다 스스로를 잘 알고 있다고 생각했다. 그러나 생각이 많은 것과 자신을 아는 것은 전혀 다른 차원이었다.

이렇게 인간의 소통과 사고의 기반이 되는 언어가 나의 내면을 치유하고 성장시키는 강력한 힘이 되었다. '모든 힘은 내 안에 있다.'는 것을 읽고 쓰는 행위를 통해 나 자신과 소통하며 배웠다.

"쓴다는 것을 다른 말로 표현하자면, 내면의 소리를 듣는 것, 자신을 알아가는 것이다. 그러니 글쓰기는 목적 없이도 목적을 달성하는 '과정'의 일이며, 내가 나 자신으로 살아가는 '주체'의 일이다."

—손화신, 『쓸수록 나는 내가 된다』

활자로 쓰인 것들을 나 자신과 분리시키면 흘려보낼 수 있게 된다. 물을 많이 마실수록 장운동이 활발해지듯이, 쓰면 쓸수록 묵은 감정들과 어두운 기억들이 시원하게 배출된다. 비워내고 나면 철없는 아이를 바라보는 어른의 시선으로, '그럴 수 있지! 충분히 이해해!'라며 너그러운 마음이 든다. 이해할 수 없어 좁혀지지 않았던 나 자신과의 관계가 가까워지는 순간이다. 바짝 날을 세우고 있던 나를 향한 시선이 따뜻한 공감으로 바뀌게 된다.

'자기공감'이 높은 사람일수록 부정적인 사건에 반응하는 강도가 약하다고 한다. 의사들의 의사라 불리는 하버드대의 게일 가젤은 "자신에게 비판적일 때 우리 뇌는 긴급 경계 태세로 들어가 나 자신을 공격하는데 반해, '자기공감'은 "여기

고통이 있다. 이를 덜기 위해 무엇을 할 수 있을까?"라고 선포하는 것"이라고 말한다.

스스로를 공감해야 고통에 매몰되지 않는다. 쓰다 보면 알게 된다. 고통이라는 감정이 내가 될 수 없음을. 내면의 소리를 듣는 쓰기가 일상이 되면 떠올리기조차 싫었던 고통과 트라우마를 멀찌감치 떨어져 바라볼 수 있는 용기가 생긴다.

✤

태어나려는 자는 한 세계를 깨뜨려야 한다

상처받은 마음을 바라봐주고 인정해주자 조금씩 치유되었
고 물컹하던 마음에 근육도 제법 붙었다. 이제는 정신이 아
찔해질 정도의 강풍만 아니면 옷깃을 여미며 그럭저럭 버틸
수 있게 되었다. 마음이 단단해지면서 한계라는 이름으로 나
를 꽁꽁 동여매고 있던 것들을 벗어낼 수 있었다. 자유롭게
날고 싶은 '진짜 나'가 두꺼운 알을 깨고 조심스럽게 발을 내
디뎠다.

치유의 시간을 거치며 바닥까지 떨어져 있던 자존감이 회
복되면서 자신감이 생겼다. '할 수 있다'는 자신감을 갖고 내

디딘 첫걸음은 '책 쓰기'였다. 난생처음 글쓰기 특강을 들었다. 내친김에 공동저서에도 참여하며 작가라는 정체성을 만들어갔다. 내 이름에 '작가'라는 타이틀이 붙자 가슴이 두근거렸다. 퇴사하고 8년 만에 글을 쓰는 사람이라는 정체성이 생기자 삶이 의미 있게 느껴졌다. 가야 할 길이 있다는 것만으로도 설레었다.

그러나 습관은 무서운 것이었다. 얼마 안 가 '과연 내가 작가가 될 자질이 있는가?'라는 생각이 끊임없이 몰려왔다. 막상 글 쓰는 일을 업으로 삼자, 쓰는 사람이라는 행복도 파랑새가 되어 날아가 버렸다.

새벽마다 고백하듯 나 자신에게 쏟아내던 혼자만의 글쓰기와 다른 이들에게 읽히게 되는 책 쓰기는 많이 달랐다. 정확히 말하자면 많이 다르다고 착각했다. 나 혼자 읽는 글이 아닌 타인에게 읽히는 글은 달라야 한다고, 어제보다 나은 글, 멋진 글을 써야 한다는 강박에 시달렸다. 글은 나라는 인간을 파헤치지 않으면 나아가지 않았다. 사사로운 내 이야기에 공감할 수 있을까? 내 글을 오해하지는 않을까? 자기검열

이 심해, 쓰인 글보다 지워버리고 덜어낸 글의 양이 훨씬 많았다.

매일 같은 시간에 일어나 책상 앞에 앉았지만 전과 달랐다. 혼자만의 글쓰기에서 느꼈던 자유로움은 자취를 감췄다. 머리를 쥐어짜며 쓴 글에는 잔뜩 힘이 실려 읽는 자가 되어 들여다본들 별 감흥이 없었다. 한계 짓기가 다시 시작된 것이다. 경험치가 너무 적어 밑천이 없다고. 일필휘지는 타고난 이들의 것으로 필력이 부족하다고.

그럼에도 다행이었던 것은 전처럼 한계를 짓고 끝나버린 것이 아닌, 한계 짓기가 쉽게 사라지지 않는 나의 '습'이라는 걸 확인할 수 있었다는 점이었다. '습'이 '늪'이 되기 직전에 나를 건져 올린 것은 '낭독'이었다.

낭독은 글쓰기처럼 본능적인 선택이었다. 글을 쓰기 위해서는 독서 또한 중요했기에 책을 읽어야 했지만, 도저히 책에 집중할 수 없어 본능적으로 소리 내어 읽게 되었고, 몰입을 경험했다. 이른 아침 일어나 나지막한 목소리로 천천히 책을 읽다 보면 눈으로만 읽을 때보다 집중하기가 훨씬 쉬웠다. 언제나 흠모의 대상이던 다독가와 속독가에 대한 부러움도 내려놓게 되었다. 제대로 읽어낸 한 권의 책이 수십 권의 책 못지않게 가치 있다는 사실을 느린 독서를 통해 배울 수 있었다.

내 목소리에 귀 기울이는 시간이 길어지면서 미련처럼 남아있던 방송 일에 대한 열망이 다시 올라왔다. 오래 기억하고 싶은 문장들, 내 마음을 어루만져 준 문장들을 만나면 핸드폰에 녹음해 두었다. 녹음한 문장들이 쌓이면 가까운 지인들에게 메시지로 전송하기도 했다. 그러다 보니 자연스럽게 '나도 유튜브나 해볼까?'라는 생각에 이르렀다. 당장 스마트폰 거치대를 마련해 책 읽는 내 모습을 촬영해 보고 영상을 편집을 할 수 있는 어플을 다운받았다. 글쓰기에 이어 하고 싶은 일이 또 하나 생긴 것이다.

'기계치인 내가 영상편집을 할 수 있을까?'라는 한계 속에 갇히는 습이 다시 발동해 시작하기까지 꽤 많은 시간이 걸리긴 했지만, 결국에는 책을 소개하고 읽어주는 유튜버가 됐다. 이른 새벽에 일어나 책을 소리 내어 읽고 녹음을 하고 있으면 제대로 살아있다는 기분이 들었다. 마이크 하나 달랑 놓고 녹음해도 행복하기만 했다. 가끔은 늘지 않는 구독자 수가 신경 쓰이기도 하고 편집에 들인 공이 아쉽게 느껴질 정도로 조회 수가 나오지 않아 속상한 마음이 들기도 했지만 최선을 다했기에 미련은 없었다.

과정을 즐기면 결과도 좋다더니 어느새 구독자가 꽤 늘었다. 지금은 새 영상을 기다려주는 애청자까지 생겼다. 더 이상 바랄 것이 없는 흡족한 상태다. 최인철 교수는 『아주 보통의 행복』에서 "조금도 모자람 없을 정도로 넉넉하며 만족한다는 의미의 '흡족'이 진짜 행복한 상태"라고 했다. 흡족을 경험하고 난 뒤 글쓰기 역시 그러할 수 있다는 자신감이 조금씩 스며들었다.

페터 비에리는 『자기결정』에서 "글을 쓰는 사람은 자기가 쓴 글이 어떤 울림을 가지는지 알아내는 과정에서 내가 누구인지를 발견하고자 한다."라고 했다. 그러면서 "이 울림을 통해 자신이 얼마나 순수한지 아니면 냉소적인지, 얼마나 감상적인지, 실망적인지 아니면 분노해 있는지 나타낼 수 있으며 자신의 목소리와 자신의 울림을 발견하는 것은 우리를 변화시키는 사건"이라고 말한다. 글쓰기는 나를 알아가는 과정이고, 성장하는 과정이다. 그리고 성장하려면 변화해야 한다. 변화는 우리의 삶에서 엄청난 용기가 필요한 사건임에 틀림없다.

글을 쓰는 일이 도전이고 용기라는 것을 매일 자판을 두드리며 알아가고 있다. 지금은 용기를 잃지 않고 한 걸음 한 걸음 나아가는 것만으로 만족하고 있다. "네가 할 일은 진실한 문장을 딱 한 줄만 쓰는 거야."라는 헤밍웨이의 충고를 마음에 새기며, 글쓰기로 마음 근육을 키운 경험을 잊지 않기로 다짐했다. 잘 쓰려는 욕심보다 매일 묵묵히 쓰고 또 쓰는 '쓰는 사람'으로 살아가고 싶다. 자질이 없다는 한계 짓기로 안주하는 '습'만 조심해도, 멈춰 있지 않고 흘러갈 수 있다.

소리 내어 읽다

진정한 자유는 가장 두려운 일들을 대담하게 행할 때 성취할 수 있습니다.

두려움에 붙들리지 않고 크게 한 걸음 내딛는 순간,

당신은 삶을 잃는 것이 아니라 발견하게 됩니다.

두려움, 걱정, 불안감에 사로잡혀 있으면서

겉으로만 안정된 삶을 사는 것이 오히려 더 위험할 수 있습니다.

두려움을 당신 삶의 변함없는 일부로 만들어서는 안 됩니다.

두려움을 걷어 버리거나 이겨 내야

역설적이게도 삶의 가장 안전한 장소에 도달할 수 있습니다.

그때 비로소 망설임 없이 사랑하고,

솔직하게 마음속 말을 하고,

자기방어를 하지 않고도 자신을 지키는 법을 배울 수 있습니다.

일단 두려움을 뛰어넘으면 새로운 삶을 발견할 수 있습니다.

—엘리자베스 퀴블러 로스·데이비드 케슬러, 『인생수업』

✤

나는 황금빛 새를 보았다

　초등학교 5학년 때 즈음으로 기억한다. 수업이 끝나고 운동장을 가로질러 뚜벅뚜벅 걷고 있는데, 생각 없이 올려다본 하늘에 새 한 마리가 날아가고 있었다. 일반적인 새가 아닌 황금빛의 새였다. 금가루를 뿌려놓은 듯 반짝였고 생김새는 매우 독특했다. 머리에는 닭 벼슬 같은 것이 달려 있었고, 날개는 공작새처럼 화려했으며, 꼬리는 매우 길었다. 판타지 영화에서나 볼법한 화려한 모습으로 유유히 하늘을 날고 있었다. 이상한 물체를 잘못 본 건 아닌지 어리둥절한 마음으로 눈을 비비고 다시 봤지만 분명 새였다.

　어른이 된 지금의 내가 그 새를 봤다면 분명 의심했을 것이다. 실에 매달려 하늘을 나는 새 모양의 연이거나 잘못 본 거라고 단정 짓고 지나쳐버렸을지도 모른다. 그러나 순수한 영혼을 지닌 10대 소녀에게는 감당하기 어려울 정도로 벅찬 장면이었다. 넋을 놓고 바라보다 이 멋진 광경을 나 말고도 목격하고 있는 이가 있는지 궁금해 운동장으로 시선을 옮겼는데, 단 한 명도 하늘을 보고 있지 않았다. 이 넓은 운동장에서 하늘을 보고 있는 사람이 나 한 명뿐이라는 사실에 놀라움과 함께 묘한 희열 같은 게 느껴졌다. '나에게만 보였다는 것은 분명한 이유가 있을 거야!'

인간의 기억은 쉽게 왜곡되고 편집되기 쉽다는 걸 알기에 어른이 된 이후 그 기억이 떠오를 때마다 의심스러운 마음이 들기도 했다. 혹시 환상이었을까? 착각이었을까? 그러나 실제든 아니든 이제는 중요하지 않다. 잊을 수 없는 영화 속 한 장면처럼 또렷하게 박제된 그 기억이 나를 특별한 사람으로 만들어주었기 때문이다. 몸이 약하고 매사 소극적이며 부끄러움이 많은 어린 소녀는 황금빛 새를 본 이후 자신을 특별한 존재로 느끼게 되었다.

어린 시절의 나는 체육시간에 서있기 조차 힘들 정도로 몸이 아픈데도 식은땀을 주룩주룩 흘리며 수업이 끝날 때까지 선생님에게 말하지 못했던 소심한 아이였다. 아프다는 말 자체도 싫었고 주목받는 건 더 끔찍했다. 늘 있는 듯 없는 듯 존재감 없이 살던 아이였지만, 그 특별한 새를 본 이후 조금은 특별한 아이가 되어 있었다. 당장 작은 꿈이라도 가져야 할 것 같았다. 꿈을 멋지게 이뤄내야 하는 당위성이라도 부여받은 듯 어깨에 힘이 들어갔다. '되고 싶은 나'에 대해 생각했다. 목소리로 연기하는 성우에 대한 꿈, 커다란 이어폰을 하고 달달한 멘트를 전하는 라디오 디제이가 되고 싶은 꿈 등. 모양은 달라도 빛깔은 비슷한 여러 종류의 꿈들을 수집하기 시작했다.

아무도 보지 못하게 꼭꼭 숨어있어야 편했던 나라는 존재가 영화처럼 펼쳐진 찰나의 한 장면으로 빛나는 존재가 되고 싶어졌다. 당시에는 황금빛 새가 나를 꿈꾸게 했다는 사실조차 몰랐지만 뭔가 대단히 가치 있고 소중한 경험이라 여긴 것은 분명하다. 아무에게도 말하지 않았다. 말해버리고 나면 황금빛 새에 대한 기억이 시려져버릴 것만 같았다. 그만큼 소중한 나만의 비밀이었다.

말하지 않은 기억은 시간의 풍화로 쉽게 사라지고 만다. 추억을 되새김질하며 여러 번 토해낸 기억들만 간신히 남아있는 나에게 그 기억은 이상하리만큼 또렷하다. 10대, 20대, 30대를 거쳐 40대인 지금까지 생생하다. 잊히지 않고 각인된 것은 잊을만하면 떠올랐기 때문이다. 내가 무언가를 시작하기 주저할 때, 자신감이 필요할 때 황금빛 새는 보란 듯이 나에게 날아왔다. 여전히 눈이 부시게 반짝이며 하늘을 날고 있었다. 그 찬란한 모습에 '그래! 나는 그저 그런 시시한 인간이 아니야!'라는 자신감이 올라왔고 맥없이 주저앉은 나를 일으켜 세웠다.

전 세계가 생각지도 못한 바이러스로 전쟁을 치르고 있다. 예고 없이 불어 닥친 한파에 온 세상이 꽁꽁 얼어붙은 꼴이다. 나의 가정에도 그 한파의 영향이 미쳤다. 남편이 하던 일이 멈춰버렸다. 언제 다시 살아날지 앞이 보이지 않는 상황이다. 이제 내가 일어서야 할 때가 되었다. 긴 시간 경제활동을 하지 않은 터라 무엇부터 시작해야 할지 막막하지만 나에게는 황금빛 새가 있지 않은가. 지금 이 순간, 어느새 황금빛 새가 날아와 날개를 펄럭이고 있다. 내가 믿으면 그것이 사실이다. 황금빛 새는 곧 나 자신에 대한 믿음이다.

"당신이 바로 당신 세상의 힘이며, 당신이 선택한 생각대로 이루어진다."는 루이스 L. 헤이의 말에 가슴이 띈다.

"내가 살아가는 끝없는 삶의 가운데에서,
모든 것은 완벽하고, 온전하며, 완전하다.
나는 한계니 부족이니 하는 말을 떠나보낸다.
나는 이제 우주가 나를 바라보는 것처럼
완벽하고, 온전하고, 완전한 존재로 나를 바라보기 시작한다.
나에 대한 진실은
내가 완벽하고 온전하고 완전한 존재로 만들어졌다는 것이다.
이제 나는 이 사실을 바탕으로 내 삶을 살기 시작한다.
나는 나에게 맞는 시간과 장소에서, 내가 해야 할 일을 하고 있다.
나의 세상에서는 모든 일이 순조롭다."

—루이스 L. 헤이, 『치유』

감사가 답이다

• 들어가는 글 •

당신이 누구든, 어디에 있든, 현재 어떤 상황이든

감사하는 마음이 지닌 마법은 당신의 삶 전체를 변화시킬 것이다.

내가 받은 축복을 하나씩 세어보기 시작하자.

나의 삶 전체가 좋아지기 시작했다.

안녕하세요! 나의 소리 책갈피 소리 내어 읽다입니다.

제가 한 2년 전부터(이제 3년 전) 감사 일기를 쓰고 있어요. 매일 아침 지금 내가 감사할 수 있는 것들을 찾아서 적기 시작했는데요. 감사 일기를 쓰면서 참 많이 달라졌습니다. 저는 상당히 부정적인 사람이었습니다. 불평불만도 많고 완벽하고 싶은 마음 때문인지 스스로 못마땅하고 싫었던 적이 많았는데요. 그런 마음 상태에서 감사 일기를 쓰는 게 처음에는 어려웠어요. 감사할 일이 하나도 없는 것처럼 느껴졌거든요. 정말 적을 게 없는 날은 숨을 쉴 수 있어 감사합니다.

말을 할 수 있어 감사합니다. 편히 쉴 수 있는 집이 있어 감사합니다. 이렇게 적기도 했습니다.

작은 것들에서부터 감사한 것들을 찾아 적다 보니까 신기하게도 감사할 일들이 점점 늘어나는 걸 경험했어요. 감사함을 자주 느끼면서 이전 같으면 화나고 짜증이 날 상황이 와도 화를 좀 덜 내게 되고, 매일 반복되는 일상에서 행복한 순간을 자주 발견하게 됐습니다.

제가 왜 감사 일기에 대해 얘기하고 있냐면요. 오늘 소개해 드릴 책이 처음부터 끝까지 감사에 대해 말하고 있기 때문입니다. 끌어당김의 법칙을 세상에 알린 『시크릿』의 저자죠. 론다 번의 『더 매직』인데요. 『시크릿』의 실천 편이라 할 수 있습니다. 끌어당김의 법칙이 어렵게 느껴지는 분들에게 추천해 드리고 싶은 책입니다. 이 책은 28일 동안 감사하는 마음이 내 생활이 될 수 있도록, 감사하는 삶이 나의 생활방식이 될 수 있도록 도와줍니다. 특히 저처럼 감사 일기를 써보신 분들은 좀 더 업그레이드된 감사 일기 심화 편이라 생각하면 좋을 것 같습니다.

그런데 끌어당김의 법칙에서 왜 감사하는 마음이 중요할까요? 끌어당김의 법칙은 매우 심플합니다. 같은 것끼리 끌어당긴다는 건데요. 우리가 중력이 있다는 건 당연하게 받아들이죠. 걸을 수 있고, 던진 공이 땅으로 떨어지는 걸 당연하게 생각합니다. 끌어당김의 법칙도 같은 것끼리 끌어당긴다는 보편적인 법칙입니다. 하루 종일 가장 많이 생각하고 가장 자주 말하고 집중해 있는 것이 무엇인지 한번 생각해 보세요.

지금 자신이 방사하고 있는 에너지가 부정적이라면, 아무리 원하는 것을 생각해서 잠시 상상하고 혹은 글로 쓰거나 말을 한다고 해서 끌어당겨질까요? 혹은 아주 간절하게 원하고 바란다면 끌어당겨질까요? 간절하다는 것 역시 결핍입니다. 결핍은 결핍을 끌어당깁니다.

생각과 느낌도 에너지입니다. 끌어당김의 법칙으로 원하는 현실을 만나고 싶다면 우선 지금 이 순간 자신의 생각과 기분을 바라보세요. 지금 내 현실이 매우 어둡고 불안하고 힘든 상황이라면 좋은 생각을 하기 어렵잖아요. 기분이 좋은 상태를 유지하기도 어렵습니다.

그래서 감사하는 마음이 필요합니다. 감사하는 마음은 내가 찾고자 한다면 어떤 상황에서도 찾을 수 있습니다. 부정적인 마음, 결핍된 마음에서 긍정적인 에너지로 끌어올리기 위한 긍정적인 마음으로 건너가기 위한 징검다리와 같습니다.

우리가 습관처럼 감사하는 마음을 가져야 하는 이유를 더 자세히 알고 싶다면 지금부터 집중해서 들어주세요. 론다 번의 『더 매직』입니다.

2장

마음, 담다

Kites rise highest against the wind - not with it.

"연은 순풍이 아니라
역풍에 가장 높이 난다."
—윈스턴 처칠

✤

지금이 아니면 지금이라도 말하라

아이와 함께 자려고 누웠는데, 한참을 뒤척이던 아이가 주
먹으로 자신의 머리를 툭툭 치며 말했다.

"생각이 끝도 없이 떠올라서 잠이 오질 않아."

"엄마도 그럴 때가 많아. 숨을 크게 한 번 쉬어 볼까? 배가
불룩해질 정도로 크게 숨을 마시고 후~ 하고 천천히 내뱉어
보는 거야. 그렇게 숨을 쉬다 보면 생각이 사라질 거야."

내 말을 듣고 과장될 정도로 크게 숨을 마시고 내뱉기를 여
러 번 반복하던 아이는 어느새 잠이 들었다. 잠든 아이를 바

라보다 순간 '생각이 많다'라는 게 자연스러운 상태가 아니라는 걸 깨달았다. 본능에 가깝게 살아가는 아이들은 생각이 많고 적음을 의식조차 하지 못한다. 그들에게는 무언가에 집중해 있거나, 즐겁게 놀거나, 뛰거나, 멍 때리고 있는 상태가 자연스러운 것이다. 아이가 잠들지 못했던 이유는 자연스러움이 깨졌기 때문이다.

『스틸니스』의 저자 라이언 홀리데이는 "현재에 집중하는 것이 어쩌면 세상에서 가장 어려운 일일 수도 있다."라고 했다. 우리는 지나친 자극과 과도한 정보로 그 어느 때 보다 정신이 산만해지기 쉬운 시대를 살고 있다. 나 역시 오직 책에 집중하기 위해 낭독을 시작했다. 나는 매우 예민한 감각의 소유자다. 눈에 보이지 않는 미세한 먼지 하나가 얼굴에 붙어있어도 다른 일에 집중하기 어렵다. 특히 청각과 촉각은 예민함을 넘어 삶이 피곤할 정도다. 예민한 감각은 가뜩이나 생각 많은 나를 산만하게 만든다. 정신이 산만한 이에게 독서는 꽤 어려운 행위 중 하나이다.

그러나 책을 소리 내어 읽는 순간에는 앞머리가 흘러내려

눈을 찔러도 의식하지 못한다. 모든 감각기관이 딴짓을 하기 어렵다. 소리 내어 말하려면 입보다 눈이 한 템포 빨라야 한다. 한 문장의 마침표를 만나기 전까지 한눈을 팔 수 없다. 내 목소리는 뼈를 타고 온몸을 울리고, 들이쉬고 내쉬는 호흡과 함께 문장의 리듬을 느낀다. 익숙하지 않은 단어나 낯선 구조의 문장을 만나면 눈과 귀, 머리는 모두 긴장 상태가 된다. 입에 자연스럽게 붙을 때까지 여러 번 읽고 또 읽는다. 낭독은 모든 감각기관을 깨워 지금 이 순간에 집중하게 만든다.

생각에 의지해 살아가는 어른들의 삶은 지나가 버린 과거와 아직 오지 않은 미래에 머물러 있을 때가 많다. 생각 속에 빠져 있는 것이 너무나 당연하기에 매 순간 지금을 잃어버리고 있다. 삶은 '살아있음'을 뜻한다.

"삶을 마치 소유물처럼 생각하기 때문에 우리는 그 소멸을 두려워한다. 삶은 소유물이 아니라 순간순간의 있음이다."

—법정 스님, 『존재지향적인 삶』

"삶은 순간순간의 있음"이라는 법정 스님의 말씀을 되새기며 지금 이 순간을 느껴본다. 일상에서 깨어 있는 상태를 맛보려면 지금 이 순간에 주의를 기울이는 연습이 필요하다. 식사할 때는 먹고 있는 음식의 맛과 향, 씹을 때의 질감, 잘게 부서진 음식이 목구멍을 타고 내려가는 그 순간까지 세세하게 느껴본다. 걸을 때는 한 걸음 한 걸음마다 내 발바닥이 지면에 닿는 촉감과 호흡, 흔들리는 내 몸에 집중해 본다. 누군가와 대화를 하고 있다면 상대의 말에 귀를 기울여 본다. 하고 싶은 말은 내려놓고 상대의 이야기에 집중한다.

요가로 몸과 마음의 균형을 잡아가고 있는 친구 A는 얼마 전부터 설거지를 하고 빨래를 갤 때마다 정성을 다한다고 한다. 매일 반복되지만 하루라도 소홀히 하면 바로 티가 나는, 그래서 가장 하기 싫은 집안 살림을 심신을 단련하는 수련의 과정으로 여긴 것이다. 뽀득뽀득 소리가 나도록 깨끗하게 그릇을 닦고 손으로 옷감의 질감을 느끼며 정갈하게 빨래를 갤 때, '하기 싫다'라는 저항감 대신 오직 행위에만 집중하면서 살림을 대하는 태도가 달라졌다고 한다.

지금 이 순간을 붙잡지 않으면 매 순간은 과거가 된다. 우리는 삶의 멋진 순간들을 기억하기 위해 가장 찬란한 순간에 핸드폰부터 꺼내든다. 그 순간을 온전히 느끼고 감상하기보다 사진이나 동영상으로 촬영한다. 지금을 기억하기 위해 지금을 잃어버리는 오류를 범하는 것이다.

하루에 단 10분이라도 깨어 있는 시간이 필요하다. 지금 이 순간을 놓치지 않고 존재하기로 선택해야 한다. 지금 이 순간, 온전히 깨어있고 싶어 김언의 시 '지금'을 소리 내어 읽는다. 지독하리만큼 '지금'을 말하고 있는 시인의 간곡함이 온몸으로 느껴진다.

소리 내어 읽다

지금 말하라.

나중에 말하면 달라진다.

예전에 말하던 것도 달라진다.

지금 말하라.

지금 무엇을 말하는지.

어떻게 말하고 왜 말하는지.

이유도 경위도 없는 지금을 말하라.

지금은 기준이다.

지금이 변하고 있다.

변하기 전에 말하라.

변하면서 말하고 변한 다음에도 말하라.

지금을 말하라.

지금이 아니면 지금이라도 말하라.

— 김언, 「지금」 중에서

❦

소리 내어 읽는 이유

어떤 이는 일 년에 천 권의 책을 읽는다고 하고, 어떤 이는 한 시간에 한 권의 책을 읽을 수 있다고 한다. 지적 허영심에 비해 독서량이 비루했던 나는, 많이 읽고 빨리 읽는 이들이 마냥 부러웠다. 독서량이 곧 지식의 양이라 믿었다. 독서를 지식을 쌓는 행위로만 생각했다. 그들이 그 많은 양의 책을 읽고 무엇을 느꼈는지, 인생에 어떤 변화가 있었는지, 그런 것들은 궁금하지 않았다.

독서에 대해 피상적이었던 시야가, 낭독이 일상이 되면서 조금씩 깊고 넓어졌다. 단 한 권의 책을 읽어도 오래 기억할 수 있고, 내 삶의 변화를 주는 독서가 진짜 독서고 '독서의 본질'이라는 사실을 체득하게 되었나. 북듀버(책을 의미하는 북 book과 유튜버의 줄임말. 책과 관련된 유튜브 영상을 제공하는 사람)가 되면서 이전보다 많은 양의 책을 읽고 있는 지금도 이 생각 에는 변함이 없다. 오히려 더 짙어졌다.

낭독은 묵독보다 느린 독서임이 틀림없다. 눈으로 읽고, 입 을 벌려 소리를 내고, 청각기관과 몸의 울림을 통해 내 목소 리를 듣는다. 몸의 여러 기관을 이용해 입체적으로 읽어야 하기에 눈으로만 읽을 때보다 많은 시간이 소요된다. 시간적 인 측면으로만 보면 비효율적인 독서법이다. 대신 엄청난 장 점이 있다. 그건 바로 몰입할 수 있다는 점이다.

오직 책에 집중하기 위해 본능적으로 책을 소리 내어 읽었 다. 고민이 있거나 머리가 복잡할 때 독서만큼 어려운 일도 없다. 독서의 고수들은 머리를 환기하기 위해 책을 읽는다고 하는데, 나는 오히려 반대였다. 복잡한 머릿속이 더 산만해 지기 일쑤였다. 이제는 책을 읽다가 집중이 안 된다고 느껴 지면 자연스럽게 소리 내어 읽는다. 마음의 진동을 느낀 선물 같은 문장을 만나면 한 줄 읽고 한참 생각하며 내용을 곱씹어 본다. 가끔은 감정을 잔뜩 넣어 과장되게 읽기도 하고 문장을 구어체로 바꿔 말하듯이 읽을 때도 있다. 말하듯이 읽으면 어려운 문장도 쉽게 이해된다. 몸의 감각이 더해질수록 집중력과 기억력은 덤처럼 따라온다.

사이토 다카시는 『내가 공부하는 이유』에서 책을 읽을 때 반드시 1페이지 정도는 소리 내어 읽어 보는 습관을 가지고 있다고 했다. 그의 낭독 습관은 책을 읽고 가장 재밌었던 부분을 찾아 소리 내어 읽어봄으로써 그 부분만큼은 생생하게 기억할 수 있게 되고, 눈으로 볼 때는 미처 느끼지 못했던 재미가 더해졌기 때문에 생긴 것이었다. 나도 그와 같은 방법으로 낭독을 즐기고 있다. 책 속에서 가장 인상 깊었던 내용이나 오래 기억하고 싶은 문장에 밑줄을 긋거나 페이지를 접어둔다. 그리곤 표시해둔 문장을 낭독으로 재독한다.

낭독은 눈으로만 읽는 묵독보다 20% 이상 인지력 향상에 도움이 된다고 한다. 감명 깊게 읽은 책이어도 돌아서면 잊이비리고 마는 기억력의 힌게를 낭독을 통해 넘어설 수 있었다. 인간이 망각의 동물이라지만 나의 망각의 수준은 심각해서 같은 책을 두 번 구입하는 어처구니없는 경험을 여러 번 안겨주었다. 소리가 더해진 독서는 기억이 쉽게 휘발되지 않도록 돕는다. 모든 책을 소리 내어 읽지는 않지만 한 문장, 한 페이지라도 낭독한 책은 확실히 오래 기억된다. 선명하지는 않더라도 읽었던 책인지 아닌지 정도는 구분할 수 있다.

낭독 전문 북튜버가 되고 "어떻게 하면 낭독을 잘할 수 있을까요?"라는 질문을 자주 받았다. 나의 경험상 가장 확실한 답은 '이왕 느린 독서, 더 느리게 읽자'이다. 발음이나 발성은 두 번째, 아니 세 번째다. 낭독을 지속적으로 하다 보면 발음과 발성은 자연스럽게 좋아진다. '오늘 몇 페이지까지 읽어야지!' 하는 욕심보다는 '한 문장이라도 내 것으로 만들자!'라는 마음 자세가 중요하다.

낭독의 질을 높이는 또 하나의 방법은 '상상'이다. 머릿속으로 그림을 그리듯 혹은 영상으로 만들어 상상하며 읽는 것이다. 상상이 추가되면 글자 해독을 넘어 책과 내가 하나가 되는 물아일체를 경험할 수 있다. 상상이 더 적극적으로 몰입을 이끈다. 평소 어렵게 느껴져 읽다만 고전 작품이 있다면 상상하며 소리 내어 읽어보라. 촘촘하게 박힌 활자들을 영상으로 만들면 머리가 아닌 가슴으로 이해되는 순간들이 찾아온다.

『몰입의 즐거움』의 저자 미하이 칙센트미하이는 "몰입 경험은 배움으로 이끄는 힘이며, 새로운 수준의 과제와 실력으로 올라가게 만든다."라고 말했다. 나 역시 낭독으로 몰입을 경험하면서 독서의 질이 좋아졌다. 독서의 수준이 한 단계 올라간 것이다. 내면의 거름망이 촘촘해져 걸러진 것들이 많다.

낭독은 쉽게 잃어버리는 독서가 아닌 남는 독서다. 내 안에 남은 게 많아지면서 독서가 즐거워졌고 전율과 감동이 느껴지는 지점도 많아졌다. 더불어 다독과 속독에 대한 욕심도 완전히 사라졌다. 무언가를 지속할 수 있는 힘은 내 행동에 대한 만족이나 즐거움이 뒤따라야 가능하다는 것을 다시금 깨닫는다.

✤

인간은 아는 만큼 느낄 뿐이며, 느낀 만큼 보인다

"인간은 아는 만큼 느낄 뿐이며, 느낀 만큼 보인다."

유홍준 선생님이 『나의 문화유산답사기』에서 한 말이다. 그가 말하는 '아는 만큼'을 '어휘력만큼'으로 바꿔보면 어떨까?

우리는 자신이 가지고 있는 어휘력만큼 보고 듣고 느끼며 살아간다. 어휘력이 좋다는 것을 단순히 '아는 단어가 많다' 정도로 이해하고 있다면 엄청난 오해다. 어휘력은 자신이 아는 어휘를 마음대로 부리어 쓸 수 있는 능력이다. 어휘력의 수준은 내가 하는 말뿐 아니라 상대의 말, 활자로 표현되어 읽을 수 있는 모든 것들을 통해 가늠해볼 수 있다. 어휘력이 좋으면 자신의 생각을 보다 정확하게 표현할 수 있고 상대의 말도 제대로 이해할 수 있다. 보고 느낄 수 있는 세상의 크기도 어휘력만큼 달라진다. 어휘력의 크기는 내가 아는 세상의 크기다.

아직 말이 서툰 유아기의 아이들을 생각해보자. 어휘력이 부족한 아이는 자신이 아는 단어 안에서 말을 한다. "나 화났어!"라고 말한 아이에게 엄마가 그 이유를 묻자 "몰라! 화났어!"하고 답한다. 아는 단어가 많았다면 아이는 자신이 화가 난 이유를 조금 더 자세하게 표현할 수 있었을 것이다. 엄마 또한 아이의 수준에 맞게 말해야 한다. 아이가 이해할 수 있는 단어들로 말을 해야 대화가 가능하다.

내 아이가 책을 스스로 읽기 시작할 때 즈음이었다. 책을 읽다 처음 보는 단어를 보면 바로 달려와 그 뜻을 물었다. "막강하다가 뭐야?" 내가 단어의 뜻을 알려주자 "나랑 팔씨름하자! 내 팔 힘은 막강하거든!" 하며 비장한 표정을 지어보였다.

아이는 배운 즉시 사용해본다. 자신이 배운 단어를 잊지 않기 위해 문맥상 맞든 안 맞든 어떻게든 말해본다. 어휘력을 늘리려면 이제 막 말을 배워 사용하는 아이처럼 새로운 단어를 발견하면 그 뜻을 찾고, 소리 내어 말해야 한다.

독서는 어휘력을 높이는 보편적인 방법이다. 보편적이긴 하지만 정답은 아니다. 단순히 책을 많이 읽기만 하면 어휘력이 좋아질까? 어휘력을 높이는 효과적인 독서법은 없을까? 어휘력을 높이고 싶다면 적극적이고 능동적인 자세가 필요하다. 책을 읽다가 새로운 단어를 만나면 낚시를 하듯 건져내야 한다. 관심을 갖고 잡아 올린 단어의 뜻을 이해하고 사용해봐야 어휘력이 좋아진다. 문맥상으로 이해된다고 어물쩍 넘어가면 내 것이 되기 어렵다.

김훈의 산문과 소설은 단어를 낚시하는 재미가 있다. 문장마다 적재적소의 신선한 단어들이 풍성하다.

"진화가 생명의 운명이라고 믿는 사람들은 도요새가 중생대 백악기의 어느 갯가에서 그 종족의 독자성을 완성한 것으로 보고 있다. 수억 만 년의 시공을 그것들은 해독되지 않는 높은 옥타브로 울면서 연안에서 연안으로 퍼덕거린다. 수억만 년 전에 이미 멸절된 종족의 직계 후손으로 이 연안에 내려온 새들은 또다시 수억만 년 후의 멸절을 향하여 필사적으로 날아간다."

—김훈, 『자전거 여행 1』

나의 어휘력의 수준은 책을 낭독하면서 낱낱이 들춰보게 되었다. 이 글에서 나에게 낯선 단어는 '멸절'이었다. 멸절은 '멸망하여 아주 없어지다'라는 뜻의 단어로 굳이 사전을 찾아보지 않아도 자세히 들여다보거나 소리 내어 읽으면 문맥상 그 뜻을 유추할 수 있다. 낭독은 어휘력을 높이는 독서법으로도 매우 효과적이다.

읽을 수 있지만 뜻을 모르면 소리가 자연스럽게 흐르지 않는다. 눈으로는 쉽게 통과했던 낱말이 입에서는 어색하다. 입에 걸린 단어들 대부분은 머리로는 안다고 생각했던 것들이다. 다행히 입에 붙을 때까지 여러 번 반복해서 읽게 되면 자연스럽게 그 뜻을 알 수 있다. 단어가 입에 붙으면 내 것이 될 확률이 높다. 소리 내어 말했던 그날 혹은 며칠 안에 타인과의 대화나 글을 쓸 때 그 단어를 사용하고 있는 나 자신을 발견하게 된다. 내 것이 된 순간이다.

낭독이 어렵다면 기억하고 싶은 단어를 넣어 서평을 쓰거나 필사를 하는 것도 좋은 방법이다. 결국 내 것이 되려면 글로 쓰든 소리 내어 말하든 사용해봐야 한다.

늘어가는 나이만큼 어휘력도 늘면 좋겠지만 서글프게도 나이와 어휘력은 비례하지 않는다. 의식적인 노력이 없으면 늘 쓰는 말만 쓴다. 대부분은 그 사실조차 인식하지 못한다. 나의 어휘력의 크기만큼 말하고 사고했기에 불편함이 없다. 나의 경우 종종 내가 말하고 싶은 적절한 단어가 떠오르지 않아 답답함이 밀려올 때가 있는데, 그럴 때마다 그러려니 하고 넘어갔었다. "그거 있잖아, 그거!"와 같은 상대의 공감을 요구하는 대명사를 남발하며 말이다.

과연 자신의 어휘력의 현주소를 정확히 알고 있는 이들이 얼마나 될까?

"체험한 낱말과 체험하지 못한 낱말은 자연이 솟아오르는 소리와 공룡이 땅을 내리찍는 소리만큼이나 간극이 크다. 자신이 몸과 정신으로 체험한 낱말을 사용해야 오해의 소지를 줄일 수 있고 자유자재로 문장을 구성할 수 있다. (중략) 체험한 낱말의 개

수가 살아온 나날만큼 늘 수 있기를 바란다."

유선경의 『어른의 어휘력』에서 가장 기억에 남았던 문장이다. 바쁜 현대인들은 자신의 어휘력 따위를 돌볼 마음의 여유가 없다. 깊이 있는 사고를 하며 모르는 단어를 채집할 시간적 여유도 부족하다. 사유는커녕 적응하기 바쁘다. 미디어를 통해 신선한 단어를 만나도, 보고 지나칠 뿐 체험하지 않는다. 너도 나도 쓰는 유행어와 신조어에만 열광할 뿐이다. 읽고 쓰는 삶을 선택하지 않았더라면 나 역시 별반 다르지 않았을 것이다.

체험한 낱말의 개수가 살아온 나날만큼 늘어나길 바라며, 오늘도 나는 이른 아침 일어나 책을 읽는다. 새롭게 체험하고 싶은 낱말을 수집하며 읽는 재미가 쏠쏠하다. 평균 수명으로 미루어 인생의 절반 이상 살아온 나에게 남은 생의 세상은 어떤 크기로 존재할까? 세월 탓을 하며 온갖 고정관념들에 갇혀 고루하고 답답한 어른이 아닌 시야가 넓은 어른다운 어른으로 성장하고 싶다. 늘어가는 어휘만큼 내 세상의 반경이 조금씩 커지길 기대해 본다.

＊

우리는 시를 읽는 법을 다시 배워야 합니다

　시를 사랑하고 낭송하는 이들은 나와는 결이 매우 다른 특별한 사람들인 줄 알았다. 솔직히 말해 시를 좋아했던 기억이 없다. 사춘기가 일찍 찾아와 감수성이 예민하던 초등학교 시절, 외로움과 고독을 주제로 시를 끄적인 적은 있었어도 남이 쓴 시에 감동받은 적은 없었다. 낭독을 전문으로 하는 북튜버가 된 뒤에도 채널 카테고리에 시를 넣을 생각은 하지 못했다. 고등학생이 된 조카가 시 낭독을 주문하지 않았더라면 나에게 시는 함축적인 짧은 글, 그 이상도 이하도 아니었을 것이다. 문학을 사랑하고 나보다 읽은 책의 양이 훨씬 많으리라 짐작되는 조카가 시집 한 권을 건네며 말했다.

"이모 목소리로 듣고 싶어."

그렇게 처음 시를 소리 내어 읽게 되었고 시를 향한 무한한 사랑이 시작됐다.

시를 소리 내어 읽다 보면 아름다운 시어들이 내 안에 커피 향처럼 은은하게 스며든다. 이런 비유가 적절한지 모르겠지만, 커피가 책이라면 커피의 향은 낭독이 아닐까. 향이 없는 커피는 생각조차 하기 싫다. 향에 매료되기 전까지 커피를 무슨 맛으로 먹는지 도통 이해할 수 없었다. 카페를 좋아하는 이유 역시 커피의 향이 집약된 공간이기 때문이다. 커피의 맛보다 향을 사랑하고 있는지도 모른다.

시를 눈으로만 읽는 것은 향이 빠진 커피와 같다. 시의 말들에 소리가 더해지면 로스팅이 잘 된 깊고 진한 커피 향을 온몸으로 느끼며 마시는 기분이 든다. 내 몸 구석구석에 텍스트가 체화되어 오래도록 잔향이 남는다.

이성복 시인의 시「그 여름의 끝」을 소리 내어 읽으면 '읽다'가 '경험'으로 바뀐다. 나는 붉게 핀 백일홍이 되어 휘몰아치는 폭풍을 견딘다. '넘어지면 매달리고 타올라 불을 뿜는 나무 백일홍 억센 꽃들이 두어 평 좁은 마당을 피로 덮을 때, 장난처럼 나의 절망은 끝났'듯, 폭풍의 시간이 지나고 다시 맑아진 날씨에 '휴' 하고 가슴을 쓸어내린다. 시인의 마음속에 풍덩 빠져 자유롭게 유영하고 나면 어렵고 심오하게 느껴지던 시인의 말이 내 몸에 배고 내 입 안 가득 시의 향이 퍼진다.

음식 사진만 봐도 침이 고일 때가 있다. 아는 맛이기에 몸이 먼저 반응하는 것이다. 그러나 먹지 않고는 음식의 맛과 질감을 제대로 알 수 없다. 시도 마찬가지다. 소리 내어 읽어 봐야 시의 참맛을 알 수 있다. 내 기준으로 시를 낭독하지 않고도 그 맛을 안다면 천부적인 감성의 소유자다. 음식을 맛보지 않고도 맛을 짐작할 수 있는 것처럼 말이다. 나는 그런 천부적인 재능을 갖고 있지 않기에 음식을 천천히 씹어 삼키며 음미하듯 단어 하나하나를 정성을 다해 소리 내어 읽는다. 나에게 시의 참맛을 알게 해준 선물 같은 시는 이상의 「거울」이다.

소리내어 읽다

거울속에는소리가 없소
저렇게까지조용한세상은참없을것이오

거울속에도내게귀가있소
내말을못알아듣는딱한귀가두개나있소

거울속의나는왼손잡이오
내악수(握手)를받을줄모르는─악수를모르는왼손잡이요

거울때문에나는거울속의나를만져보지를못하는구료마는
거울이아니었던들내가어찌거울속의나를만나보기라도했겠소

나는지금(至今)거울을안가졌소마는거울속에는늘거울속의내가있소
잘은모르지만외로된사업(事業)에골몰할게요

거울속의나는참나와는반대(反對)요마는
또꽤닮았소
나는거울속의나를근심하고진찰(診察)할수없으니퍽섭섭하오

—이상, 「거울」

띄어쓰기가 없어 황당한 이 시를 머리와 눈을 굴려가며 이해하려 했다. 파편적으로 이해될 뿐 시인이 무엇을 말하고 싶은지 이해되지 않았다. 거울의 의미는 무엇일까? 난해하게만 느껴지던 이상의 거울을 소리 내어 읽자 시가 그림처럼 펼쳐졌다. 놀라웠다. 종이에 가지런히 누워 있던 텍스트들이 영화 속 한 장면처럼 내 안에 스며들었다. 억지로 구겨 넣은 것이 아닌 스며든 것이다. 여러 번 반복해서 읽고 난 후 '거울 속의 나'는 내 안의 나, 자각할 수 없는 무의식임을 짐작해 본다. 그리고 나도 모르게 감탄이 새어 나왔다.

"이상은 천재가 맞구나!"

아마 주입식 교육의 부작용일 수 있다고 생각해본다. 그동안 시를 보면 우선 해석부터 하려 달려들었다. 은유의 대상이 무엇인지 분석했다. 시를 음미하거나 감응할 수 없었던 이유이다. 우리는 시를 읽는 법을 다시 배워야 한다. 시는 소리 내어 읽으며 음미해야 한다. 해석하려는 마음을 내려놓고 시의 말들이 내 안에 스며들 수 있도록 내 목소리에 귀를 기울여보자. 불안이 단골처럼 찾아오는 시대를 살고 있는 우리에게 시는 마음의 보습제가 되어 거칠고 딱딱해진 가슴을 촉촉하게 만들어 줄 것이다.

"시를 읽는다는 것은 자기 자신으로 돌아오는 것이고 세상을 경이롭게 여기는 것이며 여러 색의 감정을 경험하는 것이다. 그런 의미에서 시는 마음 챙김의 소중한 도구이다."

―류시화,『마음챙김의 시』

머리가 좋아지는 '은유'

나타샤를 사랑은 하고
눈은 푹푹 날리고
나는 혼자 쓸쓸히 앉어 소주를 마신다
소주를 마시며 생각한다.
나타샤와 나는
눈이 푹푹 쌓이는 밤 흰당나귀 타고
산골로 가자 출출이 우는 깊은 산골로 가 마가리에 살자

—백석, 「나와 나타샤와 흰당나귀」 중에서

백석의 시에는 생경한 단어들이 많다. 은유적 표현까지 더해져 어쩐지 더 어렵게 느껴진다. 나타샤는 누구인지, 마가리는 어디인지. 제목과 내용에 등장하는 흰 당나귀의 존재처

럼 이상야릇하다. 눈으로는 감당할 수 없어 여러 번 소리 내
어 읽으며 상상해본다. 방언처럼 낯설기만 하던 백석의 말이
순간 알 것도 같다. 시인이 꼭꼭 숨겨놓은 속뜻이 마음으로
이해되었다.

　시는 우리에게 익숙한 무언가를 '은유'라는 장치를 통해 새
롭게 표현한다. 은유는 단번에 받아들여지는 것이 아니어서
머리로 한 번 읽고 가슴으로 통과해야 비로소 이해된다. 은
유가 있어 시를 읽는 독자는 상상할 수 있다. 상상한 대로 해
석하며 읽는 재미가 있다.
　요즘은 깊게 생각하지 않아도 직관적으로 이해되는 짧고
감각적인 시들이 인기다. 누구나 공감할 수 있다는 점에서
꽤나 매력적이다. 그래도 시가 주는 가장 큰 매력은 본뜻을
숨긴 은유에 있지 않을까.

　장석주 시인은 『은유의 힘』에서 "시들이 은유들로 가득 찬
보석상자가 아니라면 도대체 뭐란 말인가?" 하고 묻는다. 보
석 상자를 열어보기 전에는 어떤 보석이 담겨 있는지 알 수

없다. 시 속에 은유의 말들을 이해하려는 노력은 닫혀있던 보석 상자를 활짝 열어놓고 요리조리 뜯어보며 보석의 아름다움을 감상하는 것이다. 그는 은유가 필요한 이유에 대해, 그리고 완전하지만 완전하지 않은 말의 모순을 '초록'이라는 단어 하나로 치밀하게 표현한다.

> "'초록'이라는 말은 '초록'으로 완전하다. 허나 '초록'을 표현하려는 자에게 '초록'이란 말은 부족하다. 그것은 '초록'이라는 경험의 전부를 드러낼 수 없다. '초록'이라는 말은 '초록'의 경험에 가닿지 못하고 중간에서 추락한다. '초록'이란 말은 '초록'의 추상만을 겨우 건드린다."
>
> ─장석주, 『은유의 힘』

은유적 표현이 빼곡한 시를 읽으면 의미를 이해하기 위해 유추하게 되고, 유추하는 동안 두뇌가 활성화된다. 유추는 창의력으로 연결된다. 『창의성이 없는 게 아니라 꺼내지 못하는 것입니다』의 저자 김경일 교수는 우리가 시를 읽어야 하는 이유를 시의 은유적 표현에서 찾고 있다.

"은유는 멀리 떨어져 있는 뭔가로 지금 이 순간을 표현하거나 이어 붙이는 모든 것입니다. 우리 뇌에서는 전혀 가보지 않은 길이 만들어지고 그 길을 걷는 왕성한 활동들이 일어납니다."

그가 말하는 '뇌가 가보지 않은 길이 만들어지고 그 길을 걷는 왕성한 활동들'은 지식의 재구성이다. 다시 말해 은유가 가득한 시를 읽으면 두뇌가 활성화되어 머리가 좋아진다는 말이다. 은유의 힘이 잘 느껴지는 시 한 편을 소개한다.

지금은 매미 떼가 하늘을 찌르는 시절
그 소리 걷히고 맑은 가을이
어린 풀숲 위에 내려와 뒤척이기도 하고
계단을 타고 이 땅 밑까지 내려오는 날
발길에 눌려 우는 내 울음도
누군가의 가슴에 실려 가는 노래일 수 있을까

　　　　　　　　　　　　　　—나희덕, 「귀뚜라미」 중에서

매미 떼의 울음소리가 하늘을 찌르는 여름이면 귀뚜라미의 울음소리는 매미들 소리에 묻혀 노래가 될 수 없다. 가을

이 오면 자신의 치열한 울음소리가 누군가에게 감동을 줄 수 있는 노래가 되길 바라는 귀뚜라미의 마음이 절절하다. 매미 떼는 귀뚜라미보다 강한 존재임을 유추해 본다. 시를 읽으며 유추하고 이해하는 이 일련의 과정은 지식의 재구성이다.

눈으로 읽는 묵독만으로도 두뇌는 자극된다. 낭독이 두뇌에 좋다는 것은 과학적으로 밝혀진 사실이다. 시를 소리 내어 읽는 것은 낭독의 장점에 은유의 힘까지 더해져 엄청난 시너지를 발휘한다. 은유적 표현이 시에만 있는 것은 아니지만 시는 은유 덩어리임에 틀림없다. 아직까지 시를 읽는 것을 고리타분한 누군가의 취향 정도로 여기고 있다면 이제 생각을 바꿔야 할 때가 되었다.

"나는 기계가 인간처럼 생각하는 것을 걱정하지 않는다.
내가 걱정하는 것은 인간이 기계처럼 생각하는 것이다."

—팀 쿡 (애플 CEO)

사람과 사람을 이어주는 일

"책 읽어주는 일은 사람과 사람을 서로 이어주는 일이다."

—마르크 로제, 『그레구아르와 책방 할아버지』

프랑스에는 대중 낭독가라는 직업이 있다는 사실을 알려준 책, 『그레구아르와 책방 할아버지』는 30년 동안 대중 낭독가로 활동 중인 마르크 로제의 첫 소설책이다. 오랜 시간 책과 사람을 잇는 낭독자로 살아온 그의 삶이 고스란히 주인공들에게 투영되어 있어 책 읽어주는 유튜버인 나에게 진한 공감과 깊은 여운을 남겼다.

이 책은 수레국화라는 노인 요양원을 배경으로 내용이 펼쳐진다. 수레국화 요양원에서 일하는 주인공 그레구아르는 스무 살도 채 되지 않은 청년으로 피키에 씨를 만나기 전까지 책과는 거리가 먼 삶을 살았다. 책방 할아버지라 불리는 피키에 씨는 파킨슨병 환자로 요양원에 들어오기 전까지 서점을 운영하며 평생을 책 속에 파묻혀 살았다. 요양원 내 자신의 방에 3천 권의 책을 쌓아놓고 생활할 정도로 책에 대한 사랑이 남다르다. 그레구아르는 몸이 불편해 책을 읽기 어려운 피키에 씨에게 매일 책을 읽어주게 되고 자신도 모르게 낭독의 즐거움에 빠져든다. 이 소설은 그레구아르가 책 읽는 사람으로 성장하는 스토리가 주된 이야기이다. 책을 소리 내어 읽고 전달하는 이들만이 느낄 수 있는 세세한 감정들이 잘 표현되어 있다.

그레구아르는 일상의 괴로움을 낭독으로 잊는다. 소리 내어 책을 읽는 동안 몰입을 경험하고 자신을 옭아매고 있던 매듭들이 조금씩 풀리면서 마음이 정화됨을 느낀다. 그는 책 읽기는 신성한 것이라고 말한다. 어둡고 고요한 새벽녘에 책을 소리 내어 읽고 있으면 나도 그레구아르와 같이 어떤 의식을 치르는 기분이 든다. 내 안에 진짜 나를 만나는 신성한 의식.

소리 내어 읽는 책마다 그 안에 내가 있다. 어떤 날은 딱 한 줄의 문장에, 또 어떤 날은 한 페이지, 한 권에 걸쳐 내가 담겨 있다. 비루하기 그지없는 '원치 않는 나'도 있고 '되고 싶은 나'도 있다. 날것 그대로의 나를 만나면 감추고 싶었던 비밀을 들킨 것처럼 얼굴이 붉어지기도 한다. 인정하고 싶지 않던 내 모습이나 상황을 마주하면 비로소 제3자의 눈으로 바라볼 수 있다.

마음이 닿은 문장, 영혼을 건드리는 문장을 만나면 욕심을 부려본다. 단순히 오래 기억하고 싶다는 단순함을 넘어 마치 내 것이었던 것처럼 슬쩍 내 가치관으로 포장하기도 하고, 내 언어인 양 사용하기도 한다. 아기가 말을 배우듯 책마다 새로 태어나고 새로운 언어를 배우며 성장한다.

노벨문학상 수상자인 오에 겐자부로는 자신의 독서 인생을 담은 책, 『읽는 인간』에서 "책을 읽는 것은 결국은 진정한 나 자신과 만나는 것"이라고 했다. 이와 같은 맥락으로 피키에 씨도 이렇게 말한다.

"책은 우리를 타자에게로 인도하는 길이란다. 그리고 나 자신보
다 가까운 타자는 없기 때문에, 나 자신을 만나기 위해 책을 읽
는 거야. 그러니까 책을 읽는다는 건 하나의 타자인 자기 자신
을 향해 가는 행위와도 같은 거지."

낭독은 읽는 자와 듣는 자가 존재해야만 가능하다. 낭독이
깊어질수록 가장 먼저 그리고 가장 깊이 귀 기울여 듣는 자
가 나 자신임을 깨닫게 된다. 정여울 작가도 소리 내어 읽는
시간을 "내 마음 깊은 곳에 숨겨진 나만의 목소리를 듣는 시
간"이라고 표현했다.

눈으로 책을 읽다가 마음을 울리는 문장을 만나면 밑줄을
긋고 소리 내어 읽어왔다. 이제는 그것으로도 모자라 누군가
에게 지금 내가 느낀 이 전율을 전하고 싶은 마음, 그 강렬한
마음이 나를 책 읽어주는 유튜버로 만들어주었다. 낭독가는
활자에 생명력을 불어넣어 메시지를 전달하고 듣는 자와 교
감한다. 읽는 자가 듣는 자의 마음까지 헤아리며 읽어야 제

대로 전달된다. 온 마음을 다해 읽다보면 읽는 자의 마음까지 생생하게 전달될 수 있다.

책 읽어주는 일은 사람과 사람을 이어주는 일임을 깨닫게 된다. 유튜브 채널을 만 2년째 운영하며 배운 사실이다. 자신의 목소리를 듣는 자이자 읽는 자로 살아가는 지금의 삶이 매우 만족스럽다. 언제까지 낭독가로 살아갈 수 있을지 알 수 없지만, 보고 듣고 말할 수 있는 그날까지 계속할 수 있기를 소망한다.

"네 목소리가 열에 한 사람에게만이라도 전해진다면, 그걸로 이미 성공한 거야. 자신감을 갖고 당당해져! 네가 책을 읽을 때 눈앞에 보이는 것처럼 장면들을 떠올리듯이, 그들 역시 귀로 듣는 장면들을 눈으로 보게 만들어야 한다는 말이다."

—마르크 로제, 『그레구아르와 책방 할아버지』

매일 아침 듣는 긍정확언

안녕하세요! 나의 소리 책갈피 소리 내어 읽다입니다.

기분 좋은 아침입니다! 반짝반짝 빛나는 새날이 시작됐습니다.

아직 잠에서 덜 깬 상태라면 누워있는 상태에서 기지개 한번 쭉 펴보세요! 손끝과 발끝 쭉쭉 늘려봅니다. 시원하시죠? 지금 누워있는 자세가 편안하다면 누워서 이 영상을 보셔도 좋습니다. 따뜻한 물 한 잔 마시고 편안한 소파나 의자에 앉아서 듣는다면 더할 나위 없이 좋겠죠!

오늘 하루 어떻게 보내고 싶으신가요?

내가 원하는 대로 잘 풀리는 멋진 하루가 되길 바라실 겁니다. 행복한 날이 되길 바라실 겁니다. 그렇다면 지금 이 순간을 느껴보세요. 지나가버린 과거나 오지 않은 미래에 대한 생각은 내려놓고, 지금 이 순간 깨어있는 겁니다.

이불 속에 있다면 내 몸에 닿은 이불의 촉감을 느껴보세요. 잠시 창문을 열고 아침 공기, 새벽 공기를 느껴봅니다. 지금 이 순간 깨어 있다는 것이 좀 어렵게 느껴진다면 내 호흡에 집중해 보세요. 숨을 깊게 들이마시고 내쉽니다. 나의 호흡을 바라봅니다. 내 숨소리에 귀를 기울여봅니다. 여러 번 반복합니다. 부정적인 생각이나 감정이 올라올 때마다 이렇게 호흡을 느껴보세요. 그러면 잠시나마 부정적인 생각에서 벗어나 지금 이 순간 깨어 있을 수 있습니다.

기분 좋은 하루를 보내기 위해 또 하나 잊지 말아야 할 것이 있습니다.

있는 그대로의 나 자신을 인정하는 겁니다.

부족하고 어리숙하고 때로는 날카로운 나. 인정하고 싶지 않은 나의 여러 모습들. 그 모습을 부정하지 말고 있는 그대로 인정해주세요. 모두 다 내 모습입니다. 있는 그대로의 나를 사랑하지 않는다면, 그 누가 나를 진심으로 사랑해 줄까요? 있는 그대로의 나를 인정하면 나를 사랑할 수 있습니다.

지금 이 순간 살아 있음에 감사하고 나 자신을 진심으로 사랑한다면, 오늘이 가장 행복하고 기분 좋은 최고의 날이 될 수 있습니다.

루이스 L. 헤이의『치유』중에서 긍정 확언 읽어드립니다.

아침마다 반복해서 듣거나 소리 내어 말해보세요. 여러분의 삶에 놀라운 변화가 일어날 겁니다. 나의 생각과 말이 나의 미래를 만듭니다. 내 마음의 주인은 나 자신입니다. 내가 믿으면 그것이 사실입니다.

루이스 L. 헤이의 긍정 확언 시작합니다.

3장

마음, 주다

If you can concentrate always on the present, you'll be a happy man.

"언제나 현재에 집중할 수 있다면
행복할 것이다."

—파울로 코엘료

✤

깊은 맛은 단순함에서 온다

예전부터 미역국을 좋아했다. 결혼하고 처음 시도해서 끓여본 국도 미역국이었다. 그러나 맛이 별로였다. 인터넷을 뒤져 재료와 방법을 똑같이 했는데도 내가 생각했던 미역국 맛이 아니었다. 그 맛에 실망해 한동안 미역국은 우리 집 식탁에서 만날 수 없는 음식 메뉴가 됐다.

시간이 조금 흘러 요리를 못하는 이들의 구세주로 등장한 백 모 씨의 황금 레시피로 다시 만들어 본 미역국은 그럭저럭 먹을 만했다. 음식점에서 먹어본 익숙한 맛이다. 냄비를 달군 후 참기름과 소고기를 볶다가 불려 놓은 미역을 넣고 다시 달달 볶은 다음 물을 넣고 간을 맞추면 익숙한 맛의 미역국이 만들어진다.

친정에 가면 거의 빠지지 않고 먹게 되는 음식 메뉴 역시 미역국이다. 손주가 하나둘 늘면서 아이들과 함께 먹을 수 있는 국으로 엄마의 선택은 늘 미역국이었다. 어느 날 문득 엄마의 미역국은 내 미역국과 뭔가 많이 다르다는 것을 알게 되었다. 깔끔한데 깊은 맛이 난다. 단지 손맛이 달라서라고 하기에는 맛의 차이가 컸다. 친정에 갈 때마다 먹어도 매번 질리지 않고 맛있게 먹을 수 있었던 이유가 있었다. 엄마에게 비법을 여쭤보니 참기름을 넣고 볶는 절차 없이 맹물에 미역과 고기를 넣고 시간을 들여 푹 끓인다고 했다. 시간이 좀 오래 걸린다는 점을 빼고는 내가 하는 방법보다 훨씬 더 간단했다.

요즘은 엄마의 레시피대로 미역국을 만들어 먹는다. 입 짧고 까다로운 아이도 전보다 잘 먹는다. 요리 실력이 조금씩 늘면서 알게 된 것 중 하나가 맛을 내기 위해 이것저것 첨가하다 보면 재료 본연의 맛을 잃어버리기 쉽다는 것이다. 단순함이 깊은 맛의 비법이 될 수 있다.

얼마 전 내 유튜브 채널에 이런 댓글이 달렸다.

"음악이 없었으면 좋겠어요. 음악 소리가 커요."

낭독할 때 흘러나오는 배경음악에 불편함을 느낀 구독자의 댓글이었다. 채널 영상마다 BGM(배경음악)이 삽입되어 있는데, 오프닝 멘트 외에 책을 낭독하는 부분까지 굳이 BGM을 넣는 이유는, 녹음할 때 들어가는 소음을 덮기 위해서였다. 주로 생활 소음이 없는 새벽시간에 녹음을 하고 있기는 하지만 방음시설이 없는 집에서 녹음을 하고 있어 내 목소리만 완벽하게 녹음되는 경우는 드물다. 그 소음이 거슬려 편집 과정에서 음악을 넣어 왔다. 그리고 또 하나의 이유는 잔잔하고 아름다운 멜로디가 입혀지면 영상이 더 그럴싸해지는 느낌이 들었기 때문이다. 그동안에는 영상의 완성도는 음악이 좌우한다고 생각했다. 일종의 고정관념이다. 당연히 그렇게 해야 하는 줄 알았다. 미역국을 끓일 때 고기와 미역을 참기름과 함께 볶아야 한다고 생각했던 것처럼 말이다.

그런데 곰곰이 생각해 보니 나 역시도 음악 없이 책을 낭독해 주는 유튜브 채널을 애청하고 있다. 몇 년째 구독 중인 그 채널은 썸네일 한 장 빼고는 그 흔한 지막조치 없이 오직 북튜버의 목소리만 담겨 있다. 소리가 분산되지 않아 집중이 잘 되고 오래 들어도 질리지 않는다.

모든 영상마다 '반드시' 음악을 넣어야 할 필요는 없었다. 심한 잡음이 녹음된 게 아니라면 목소리에만 집중할 수 있도록 단순하게 만들어봐야겠다는 생각이 들었다. 소리에 소리가 더해지면 완전히 다른 소리가 될 수 있고 소리가 분산될 수 있다. 소리가 하나일 때 집중도가 높아져 내용에 대한 흡입력이 높아질 수 있음을 기억해야겠다.

무라카미 하루키의 『고양이를 버리다』라는 책을 인터넷 서점에서 구입하고 실망한 적이 있었다. 책이 너무 얇고 작았기 때문이다. 그림과 함께 어우러진 책인데, 총 100페이지가 안 된다. 이 책은 하루키가 자신의 아버지에 대한 기억의 조각들을 어떤 미사여구 없이 매우 담백하게 써 내려간 에세이다. 하지만 짧아서 아쉬운 마음이 들었던 것도 잠시, 책을 읽고 나서는 깊은 울림을 느꼈다. 책은 작았지만 그 안에 담긴 내용은 결코 작지 않았다.

엄마의 미역국과 하루키의 에세이에서 같은 맛을 느꼈다. 단순함에서 오는 깊은 맛이다. 우리의 삶도 단순하고 간소해질 때 더 깊고 풍부해질 수 있다. 복잡하고 화려해질수록 중요한 것을 잃어버리고 놓치기 쉽다. 내 유튜브 영상에서 음악을 덜어내 봤듯이, 지금 내 삶에는 덜어내야 할 것이 많다. 당장 비우고 버려야 할 것들을 생각하게 되는 새벽이다.

✤

마음의 속도를 듣는 시간

집 앞 작은 동산에 겨울이 내렸다. 날씨가 좋은 날만 찾던 동산인데 팬데믹으로 인한 사회적 거리두기가 계속되면서 한동안 거의 매일 오다시피 하다 보니 이제 내 집 앞마당처럼 익숙하다. 신기한 건 매일 와도 매일 다른 풍경으로 나를 맞이한다는 사실이다. 자연은 한순간도 멈춰있지 않음을 이 작은 동산이 알려주었다. 숨은 그림을 찾듯 달라진 산속 풍경을 관찰하며 오늘도 산을 오른다.

잎을 모두 떨군 앙상한 나무들이 추워 보인다. 어제만 해도 색이 바랜 잎들이 듬성듬성 달려있었는데, 거센 겨울바람에

탈탈 털렸나 보다. 썰렁해진 나무들과 달리 산길은 푹신해졌다. 낙엽으로 뒤덮인 산길을 천천히 걷는다. 적당한 습기를 머금은 흙길도 좋지만 걸음마다 '사삭 사삭' 소리를 내는 낙엽 길도 나름 매력적이다.

천천히 산을 오르다 이어폰을 귀에 꽂고 내 목소리를 듣는다. 책을 소리 내어 읽고 녹음하고, 녹음된 내 목소리를 듣는 것이 일상이 되었다. 산을 오르는 느린 걸음과 달리 이어폰으로 들리는 내 목소리는 다소 빠르다. '오늘따라 호흡이 짧네. 뒤로 갈수록 말이 빨라지는구나.' 여전히 내려놓지 못한 나의 조급함이 목소리에 그대로 담겨 있다. 녹음된 목소리를 듣고 있으면 녹음할 당시에 내 마음 상태가 그대로 느껴진다. 주로 가족이 모두 잠들어 있는 새벽시간에 녹음을 하고 있어 아이가 깨기 전에 녹음을 끝내야 한다. 마음에 들지 않아 여러 번 녹음을 하다 시간이 길어지면 마음이 조급해지고, 그런 날이면 급한 마음까지 고스란히 녹음된다.

낭독의 속도는 마음의 속도와 같다. 내일은 조금 더 여유롭게 녹음해야겠다고 다짐하며 산 정상을 향해 걷는다.

산을 오를 때는 말의 속도나 발음, 호흡에 귀를 기울였다면 산에서 내려올 때는 책의 내용에 집중한다. 리마인드 하는 것이다. 책을 소리 내어 읽게 되면 깨닫게 되는 분명한 사실이 하나 있다. 눈으로만 읽으면 놓치고 지나가는 내용이 생각보다 많다는 사실이다. '분명 다 봤는데… 이런 내용이 있었어?' 분명 밑줄까지 쳐가며 정독한 책인데도, 소리 내어 읽다 보면 안 보이던 것들이 계속해서 나타나는 신기한 경험을 하게 된다. 녹음된 내용을 들어도 마찬가지다. 눈으로 입으로 여러 번 읽었음에도 불구하고 또 놓친 내용이 발견된다. 낭독으로 저자의 마음까지 헤아리며 정성껏 읽고, 다시 귀로 듣게 되면 책의 내용을 완전히 내 것으로 흡수할 수 있다. "느리게 갈수록 더 빠른 거야."라는 책 『모모』의 한 구절이 떠올랐다.

낭독을 녹음하고 다시 듣는 일은 매우 느리고 귀찮은 일이다. 그렇지만 심신의 건강을 위해 매일 천천히 산을 오르듯 '읽고, 소리 내어 말하고, 듣는' 이 느린 시간들이 쌓이면서, 책이 전하고자 하는 메시지를 정확히 이해할 수 있게 되었다. 진정한 독서는 나의 것으로 체화하는 것이고, 체화되면 내면의 성장에 가속도가 붙는다.

산책을 하며 녹음된 내 목소리를 듣다 보면 좋은 점이 하나 더 있다. 내 목소리와 친해질 수 있다는 점이다. 걷는 것만으로도 뇌에서 행복 호르몬이라 불리는 세로토닌이 분비된다고 한다. 아무리 힘든 일이 있어도 산책을 하며 걷다 보면 기분이 나아지는 이유이기도 하다. 기분 좋은 상태에서 반복적으로 듣다 보면 이전보다 내 목소리가 더 좋게 들린다. 나를 표현하는 도구이자 나의 일부인 목소리가 좋게 들리면 자연스레 내가 좋아진다. 녹음된 내 목소리와 가까워지면서 늘 부족해 보이고 마뜩잖았던 나 자신을 사랑할 수 있게 되었다. 자신의 목소리와 가까워지는 것이 나를 사랑하는 방법이 될 수 있다.

나는 내일도 모레도 오늘처럼 내 목소리를 듣고 마음의 속도를 체크 할 것이다. 목소리를 관리하고 마음을 바라보고 성장시키는 소중한 시간이다. 매일 다른 풍경으로 나를 맞이하는 집 앞 동산처럼 우리는 매일 변화하며 성장해야 한다.

✤

세상에서 가장 영향력 있는 목소리

내가 하는 말에 귀 기울여본 적이 있었던가? 십여 년 동안 방송 일을 했지만 전달자의 역할에 충실했을 뿐 내 목소리에 귀 기울이지는 않았다. 마이크를 타고 나오는 내 목소리가 근사하게 들리는지, 발음은 정확한지 그저 타인에게 전달될 목소리의 상태와 내용에만 신경을 썼다.

그런 내가 낭독을 시작하면서 내 목소리에 귀를 기울이게 되었다. 조용한 공간에서 소리 내어 책을 읽고 녹음을 하다 보면 내 목소리에 집중하게 된다. 그 누구를 위해서가 아닌 오직 나 자신을 위해서 정성을 다해 소리 내어 읽는다. 내 목소리를 내가 듣고 있다는 사실을 인지하고 경청하는 시간이 쌓여갈수록 나 자신과 가까워지는 기분이 들었다.

"우리가 무심코 하는 말이건, 뜻을 담은 말이건 간에 듣는 귀가 바로 곁에 있다."는 법정 스님의 말씀처럼 내 입에서 흘러나오는 말을 가장 먼저, 정확하고 또렷하게 듣는 사람은 바로 나 자신이다. 평소 어떤 말을 자주 하는가? 나 자신에 대해 어떻게 얘기하는가? 우리는 타인과 대화할 때는 조금이라도 듣기 좋게 말하려 노력하고 혹여나 내 말에 상처받지 않을까 조심하면서도, 정작 자신에 대해 말을 할 때는 그렇지 못할 때가 많다. 존중과는 거리가 먼 표현을 서슴없이 사용하거나, 자기 비하가 겸손인 줄 착각해 "내가 그렇지 뭐!"와 같이 스스로를 깎아내리는 표현을 거리낌 없이 내뱉는다.

소리는 진동이다. 녹음해서 자신의 목소리를 들으면 내 목소리 같지 않고 어색하다. 솔직히 내가 생각했던 내 목소리보다 마음에 들지 않는 경우가 많다. 성대를 울려 내 입을 통해 나온 소리는 공기를 진동시켜 다른 사람들의 귀로 전달된다. 내가 듣는 내 목소리는 공기 중으로 흩어진 후 듣는 소리가 아니라 얼굴뼈와 몸을 진동시켜 듣는다. 공기를 진동시켜 귀로 듣는 소리가 아닌 자신의 몸을 울려 듣게 됨으로써 잡음이 적고 낮은 주파수로 전달되어 더 명확하게 들린다. 가장 정확하게 들리는 내 목소리가 타인의 목소리보다 더 많은 영향을 줄 수밖에 없다. 결국 세상에서 가장 영향력 있는 목소리는 자신의 목소리다. 우리가 자신의 말에 귀를 기울여야 하는 이유이다.

한때 나는 부정적인 말을 달고 살았다. "힘들다, 어렵다, 못한다." 이 3종 세트가 시도 때도 없이 내 입에서 튀어나왔다. 사실 아이를 낳기 전까지는 나의 부정적인 말버릇을 눈치채지 못했다. 아이가 막 말을 배워 대화가 가능해질 때 즈음, 아이의 입에서 "힘들어."라는 말이 자주 흘러나왔다. 할 줄 아는 말이 몇 개 되지 않는 어린아이의 입에서 나올 말은 아니었다.

아이는 양육자를 통해 말을 배운다. 특히 가장 많은 시간을 보내고 교감하는 엄마의 말을 아이는 거울처럼 따라 한다. 아이의 말이 곧 나의 말임을 깨닫고 아이와 나 자신을 위해 긍정적인 언어를 사용하려고 노력했다. 오랜 시간 습관처럼 사용하던 말이라 쉽게 바뀌지는 않았지만 내 말에 귀를 기울이다 보니 부정적인 말을 내뱉은 즉시 바로 알아차릴 수 있었다. 알아차리는 순간들이 많아지면서 부정적인 말버릇이 조금씩 줄어들었다.

부정적인 말을 했다고 당장 내 삶이 부정적으로 바뀌지는 않는다. 긍정적인 말 역시 마찬가지다. 말은 곧 에너지이다. 말이 에너지가 되어 현실로 나타나는데 시차가 있을 수 있다.

건강을 위해 영양제를 먹으면서 즉각적인 효과를 기대하지 않지만, 먹는 순간 생각한다. '내 몸에 이로운 것들이 들어가고 있어!' 영양제의 효능을 높이려면 부지런히 챙겨 먹여야 하고, 무엇보다도 내 몸에 이롭다는 믿음이 있어야 한다. 약 효과가 전혀 없는 가짜 약을 먹고도 나을 수 있다는 믿음으로 아픈 곳이 낫는 플라세보 효과처럼 말이다. 건강을 위해 영양제를 먹는 마음으로 긍정적인 메시지를 말하고 경청하는 태도가 삶의 에너지를 긍정적으로 바꾼다.

우리는 어려움에 부딪혔을 때 누군가에게 조언을 듣고 싶어 한다. 지금 이 시간을 잘 보내면 밝은 미래가 기다리고 있다고, 당신은 할 수 있다고. 그러나 이제부터는 타인이 말해 줄 때까지 기다리는 것을 멈추고 지금 당장 그 이야기를 나 자신에게 들려주자. 가장 영향력 있는 나의 목소리로 말이다.

이 세상에서 가장 존중해야 하는 대상은 나 자신이다. 가장 사랑해 줘야 할 존재이자 소중하게 다뤄야 할 대상 역시 나 자신이다. 자신만큼 소중한 존재는 없다. 스스로를 존중하는 가장 기본적인 태도는 자신에게 하는 말에 달려있다.

작가이자 사업가였던 잉그리드 벤지스는 "말은 변화를 일으킬 수 있는 행동양식"이라고 말했다. 어제보다 더 나은 내가 되고 싶다면 의식적으로 긍정의 메시지를 소리 내어 말해 보자. 내 목소리에 귀를 기울이는 낭독도 좋고 매일 아침마다 되뇌는 긍정 확언, 자기암시도 효과적이다. 매일 긍정의 말들을 정성을 다해 또박또박 소리 내어 말하다 보면 긍정의 에너지가 내 온몸을 진동시킨다. 나에게 들려주는 긍정의 메시지가 나를 위한 최고의 선물이 되어줄 것이다.

❀

당신의 목소리는 관리가 필요합니다

가수의 콘서트장이나 길거리 공연에서 공연이 시작되기 전 반드시 보게 되는 장면이 있다. 기타리스트가 기타를 조율하는 모습이다. 기타리스트는 끊임없이 기타 줄을 퉁기며 소리를 조율한다. 공연이 시작되면 음악에 취한 표정으로 아름다운 선율을 만들어낸다. 악기에서 좋은 소리가 나오려면 관리와 조율은 필수다. 당연한 얘기지만 연주하는 방법도 정확히 알고 있어야 한다.

우리 몸도 소리를 내는 악기다. 우리는 자신의 악기로 매일 목소리를 내고 의사소통을 한다. 목소리를 내는 나의 몸도 관리가 필요하다. 좋은 목소리가 나오도록 수시로 조율하고 끊임없이 관리하는 사람이 있는가 하면, 전혀 관리하지 않고 살아가는 사람도 있다. 소리가 고르지 않고 거칠어도 크게 신경 쓰지 않는다. 그 소리가 너무나 당연하고 익숙하기 때문이다.

성악가들은 자신의 몸을 악기로 생각하고 철저하게 관리한다. 매일 발성 연습을 하고, 건강을 관리하며 자신의 악기를 소중하게 다룬다. 온도, 습도, 건강 상태, 무엇을 먹는지에 따라 목소리가 어떻게 달라지는지 알고 있다.

'전문적으로 노래하거나 말하는 사람도 아닌데 관리할 필요가 있을까?' 하고 생각할 수 있다. 하지만 자신을 표현하는 데 있어 목소리만큼 확실하고 완벽한 도구가 있을까? 처음 보는 사람의 외모가 그다지 훌륭하지 않아도 목소리가 좋으면 첫인상이 나쁘지 않다. 때로는 한 사람의 이미지가 목소리로 결정되기도 한다. 매력적인 목소리가 좋은 인상으로 이어지고, 차분하고 낮은 목소리에 신뢰감을 느낀다. 당신도 목소리가 제2의 얼굴이라는 말이 결코 과장된 표현이 아님을 경험해 보았을 것이다.

『당신의 목소리를 해방하라』의 저자 실비아 나카쉬는 "목소리는 우리의 생명력의 표현이며, 온전한 목소리를 일깨우는 일은 결국 육체와 마음이 모두 동원되는 영적이 길"이라고 했다. 몸과 마음을 연결하고 자신을 표현하는 만큼, 외모를 관리하듯 목소리도 관리해야 한다. 우리는 자신의 피부 상태나 몸의 체형에 대해서는 잘 알고 있다. 피부에 맞는 화장품을 골라 바르고, 체형에 어울리는 옷을 입는다. 멋지게 몸매를 가꾸고 건강을 유지하기 위해 운동을 한다. 시간과 정성을 들여 관리하면 더 건강하고 아름다워진다는 것을 알고 있기 때문이다. 목소리도 관심을 갖고 관리하면 더 좋아질 수 있다.

목소리를 관리하는 가장 효과적이고 쉬운 방법 중 하나가 낭독이다. 독서를 하며 목소리까지 관리하는 일거양득이다. 단, 책을 소리 내어 읽는 것에 그치지 않고 녹음해서 들어봐야 한다. 지성인지 복합성인지 피부 상태를 알아야 피부를 제대로 관리할 수 있는 것처럼 자신의 목소리도 제대로 알아야 한다.

방법은 매우 간단하다. 먼저 책을 소리 내어 읽을 수 있는 나만의 시간과 공간을 마련한다. 다음으로 소리 내어 천천히 읽어도 좋을 만한 책을 선정한다. 낭독에 입문하려는 이들에게 추천하고 싶은 책은 시집과 시인이 쓴 산문집이다. 시인의 말들은 소리가 더해지면 눈으로만 볼 때와 확실히 다르게 다가온다. 더 깊은 울림을 준다. 오래 기억하고 싶은 문장들로 가득한 자신의 인생 책도 좋다. 읽을 책이 정해졌다면 자연스럽게 읽힐 때까지 소리 내어 읽고 녹음한다. 전문 녹음기는 필요 없다. 늘 손에 쥐고 다니는 휴대폰의 녹음 기능을 이용하면 산책을 하거나 이동 중에도 녹음된 나의 목소리를 들어볼 수 있는 장점이 있다. 시간이 날 때마다 짬짬이 자신의 목소리를 체크하기 좋다.

목소리 관리의 효과를 높일 수 있는 방법은 시차를 두고 듣는 것이다. 오늘 아침에 녹음을 했다면 몇 시간 후에 듣거나 내일 혹은 며칠 뒤에 들어보는 게 좋다. 한 주 동안 녹음해둔 파일을 모아서 듣는 것도 좋은 방법이 될 수 있다. 시차를 두고 들으면 마치 타인의 목소리와 같이 객관적으로 들린다.

녹음하고 바로 들었을 때보다 발음이나 호흡, 말의 속도가 귀에 잘 들어온다.

　엄청난 실력을 가진 장인의 손으로 만들어진 귀한 악기도 관리하지 않으면 좋은 소리를 낼 수 없다. 악기의 가치를 높이려면 관리는 필수다. 바이올린과 같은 현악기의 경우 관리만 잘하면 시간이 갈수록 깊고 맑은 소리를 낸다. 바이올린의 몸체는 낡아도 소리는 더 좋아진다. 우리의 목소리도 마찬가지여서 나이를 먹을수록 신체기능은 떨어질 수 있지만 관리만 잘하면 더 깊고 매력적인 소리를 낼 수 있다. 목소리는 타고나는 것이 아닌 관리해야 하는 것임을 잊지 말자.

<u>소리 내어 읽다</u>

목소리는 빛 그 자체다.

빛이 어둑해진다 해도 완전히 꺼진 것이 아니라면 그것은 거기에 있다.

목소리 역시 마찬가지다.

빛나지 않는다면 그것은 단지 아직 가꿔지지 않았음을 의미할 뿐이다.

당신은 목소리를 다시 가꾸어야 하며, 그러면 그것은 다시 빛나기 시작

할 것이다.

—하즈라트 이나야트 칸

❧

나는 아날로그가 좋다

  플랫폼의 다양화로 전자책 시장이 활성화되고 있다. 책을 들고 다닐 필요가 없고 공간을 차지하지 않는 이점이 있어 이용하는 이들이 늘고 있다. 이런 추세를 따라 나도 잠시 전자책을 이용한 적이 있다. 책을 소개하는 유튜버가 되고 책 구매량이 늘면서 더 이상 책장으로 감당이 어려워 집안 곳곳에 책을 쌓아두기 시작했다. 자연스럽게 스마트폰으로 책 읽기가 가능한 전자책에 관심이 간 것이다. 꽤 많은 양의 전자책을 무제한으로 보고 들을 수 있는 앱을 다운로드해 이용해보았다. 종이책을 구입하는 데 드는 비용과는 비교도 할 수 없을 정도로 저렴했고, 책을 다운로드해 읽는 과정도 복잡하지 않아 좋았다. 무엇보다 스마트폰만 있으면 언제 어디서든 책을 읽을 수 있어 편리했다.

그런데 이런 매력적인 이점에도 불구하고 이상하게도 영 마음이 가지 않았다. 단지 익숙하지 않기에 느껴지는 어색함이 아닌 뭔가 허전함이 느껴졌다. 책을 펼쳤을 때 맡을 수 있는 시큼한 잉크 냄새, 손끝에서 느껴지는 종이의 질감 등을 느낄 수 없으니 서운한 마음이 들었다. 실물을 만질 수 없고 볼 수도 없으니 책의 구성과 디자인도 한눈에 들어오지 않았다. 책을 읽다 좋은 문장을 만나면 밑줄을 긋고 그 순간 떠오르는 내 생각을 기록해두는 독서 습관과도 맞지 않았다. 더욱이 감각기관을 많이 이용해야만 책에 집중할 수 있는 나의 산만한 정신도 한몫했다. 나는 디지털의 편리함보다 한 쪽 한 쪽 종이를 넘겨 가며 읽어야 독서의 즐거움을 느낄 수 있는 아날로그적 인간이었다.

결국 지금은 전자책 앱을 삭제하고 다시 종이책을 구입해 읽고 있다. 대신 책을 구입하기 전에 좀 더 신중해졌다. 주로 인터넷 서점을 이용하다 보니 제목과 목차만 보고 책을 구입하고 후회하는 일이 잦았다. 이제는 갓 출간된 따끈따끈한 신간도서가 아니면 도서관에서 먼저 대출해서 읽어본다. 읽고 싶은 책이 생기면 얼른 사고 싶은 욕심에 조급해지던 마음을 내려놓고 느긋하게 책을 골라 읽는다.

이런 아날로그 감성은 책뿐 아니라 내 유튜브 채널에서도 고스란히 드러난다. 나의 채널 콘셉트는 라디오를 지향하고 있다. 유튜브라는 디지털 플랫폼을 이용하고 있지만 채널 분위기는 아날로그다. 채널 운영 초반에는 라디오를 듣고 있다는 착각이 들 정도로 라디오처럼 영상을 만들고 싶었다. 잔잔한 BGM과 함께 라디오 디제이가 소곤소곤 차분하게 오프닝 멘트를 전하고 음악을 소개하듯 책을 소개한다. 가끔 내 영상을 보고 오래전 심야 라디오에 빠져 있던 옛 시절이 떠오른다는 구독자분들의 댓글을 만나면 의도한 바가 잘 전해진 것 같아 반갑다.

나는 어릴 적부터 라디오를 좋아했다. 더 정확하게 말하자면 라디오 음악방송 프로그램 속 디제이의 멘트를 사랑했다.

학창 시절 야간자율학습을 미치고 버스에 올라타면 앉을 자리가 있는지 찾기보다 귀부터 쫑긋 세웠다. 내가 좋아하는 라디오 프로그램이 틀어져 있으면 피곤이 싹 사라질 정도로 기분이 좋았다. 덜컹거리는 버스의 소음과 정거장을 알리는 안내방송으로 디제이의 멘트가 잘 들리지 않으면 속이 타들어 갈 정도였고 그 멘트를 끝까지 듣고 싶어 내려야 할 정거장을 일부러 놓치기도 했다. 특히 이문세의 「별이 빛나는 밤에」라는 프로그램을 좋아했는데, 방송 시작을 알리는 시그널 음악만 나와도 심장이 두근거렸다. 헤드폰을 끼고 별밤지기인 이문세의 오프닝 멘트를 따라 하며 즐거워하기도 했다.

 좋아하고 즐기다 보니 라디오 디제이가 되고 싶다는 꿈이 내 안에 조금씩 커졌다. 내향적인 성격과 어울리지 않는다는 생각에 꼭꼭 숨겨두었던 방송에 대한 꿈을 대학교 졸업을 한 학기 앞두고 '한 번은 도전해보자.'라는 마음으로 꺼내 보았다. 방송아카데미를 다니며 아나운서 시험을 준비했고 운 좋게도 대학 졸업과 동시에 지역 라디오 방송국에 입사하게 되었다. 꿈에 그리던 라디오 부스에 들어가 내 목소리로 일할 수 있는 기회가 주어졌다.

하지만 아쉽게도 내가 하고 싶었던 음악방송이 아닌 지역 소식을 전하는 프로그램을 맡게 되었다. 첫 직장이었던 라디오방송국과의 인연은 짧게 끝나버려 결국 음악방송 디제이에 대한 꿈은 이루지 못하고 아나운서 일을 이어갔다. 그렇게 이루지 못해 꼭꼭 접어두었던 꿈을 20년이 지나 개인 방송인 유튜브에서 펼쳐보고 있는 중이다.

수십 년이 지나고 나서야 생각해본다. 나는 왜 라디오 음악방송에서 음악보다 멘트를 더 좋아하고 집착했을까? 대단한 스토리가 있는 것도 아니고 그날의 날씨나 디제이의 개인적인 경험담, 음악과 관련된 이야기 등이 전부였는데 말이다. 내가 좋아했던 것은 아마도 라디오가 가진 아날로그적 감성이 아니었나 싶다. 잔잔한 배경음악과 어우러진 디제이의 촉촉하고 나지막한 목소리, 그 분위기를 좋아했던 것이 아닐까.

인터넷 신문에 밀려 종이신문의 입지가 급격히 줄어들면서 라디오 매체는 곧 사라질 거라 했다. 종이책도 전자책에 밀려 존재의 유무가 희미하다고 했다. 최첨단 디지털 시대를 살아가는 우리에게 디지털이 아닌 것들은 언제나 위태로워 보인다. 하지만 곧 사라질 것이라는 전문가들의 전망과 달리 여전히 전자책보다 종이책을 찾는 이들이 많고 라디오를 좋아하는 이들도 많다. 최근 들어 라디오나 종이책뿐 아니라 아날로그적인 감성을 지닌 옛것들을 일부러 찾는 이들도 늘고 있다고 한다. 숨을 헐떡거리며 앞만 보고 달려도 뒤처지는 기분이 드는 디지털 세상 속에서 잠시 호흡을 가다듬고 머리를 비우며 쉬고 싶은 우리의 본능적인 선택이 아닐까. 디지털에 비해 조금은 불편하고 느리고 투박한, 그래서 더 따뜻하고 편안한 아날로그만의 감성이 정신없이 흘러가는 우리의 삶에 쉼표가 되어주고 있다.

나는 오늘도 라디오 감성으로 책을 소개한다. 오래전 「별이 빛나는 밤에」 이문세처럼, 「음악공간」의 이적처럼 말이다. 그 시절 그 분위기의 따뜻하고 촉촉한 감성을 전하고 싶다. "안녕하세요. 나의 소리 책갈피, 소리 내어 읽다입니다." 다음으로 어떤 내용을 전할지 오프닝 멘트를 고민하고, 내용

과 어울리는 배경음악을 신중하게 고른다. <소리내어읽다>
유튜브 채널이 조금은 느리고 따뜻하게 쉬어갈 수 있는 영혼
의 쉼터가 되었으면 하는 바람이다.

나는 날마다 모든 면에서 점점 더 좋아지고 있다

안녕하세요! 나의 소리 책갈피 소리 내어 읽다입니다.

오늘은 에밀 쿠에의 몸과 마음을 변화시키는 자기암시의 말들 읽어드리려고 합니다.

잠들기 전과 아침에 바로 눈 뜬 직후에 들어보세요. 의식이 완전히 깨어 있을 때보다 조금 졸린 상태에서 들어야 효과가 좋습니다.

김영하 작가 아시죠? 그가 자신의 산문집 『여행의 이유』에서 이런 말을 했어요. "인간의 행동은 자기가 가지고 있는 신념보다 무의식 속에 잠재되어 있는, 다시 말해 스스로 인식하지 못하는 자기도 모르는 믿음에 의해 좌우된다."라고요.

'무엇을 꼭 이뤄야지! 나는 할 수 있어!' 하고 의지를 가져도 금세 그 의지가 시들해진다거나 '긍정적인 생각을 가져야지!' 하고 애를 써도 부정적인 생각이 먼저 떠오른다면, 당신에게 지금 필요한 것은 자기암시입니다.

　매일 반복해서 자기암시문을 듣거나 말하게 되면 마치 황무지와 같았던 당신의 깊은 내면이, 영양이 풍부한 옥토가 되어 있을 겁니다. 자기암시에 대한 믿음이 강할수록 원하는 결과 역시 확실하고 빠르게 나타납니다.

　에밀 쿠에의 몸과 마음을 변화시키는 자기암시문 읽어드리겠습니다.

　편안한 마음으로 들어보세요.

4장

마음, 채우다

The world is full of suffering but it is also full of people overcoming it.

"세상은 고통으로 가득하지만,
그것을 극복하는 사람들로도 가득하다."

—헬렌 켈러

소리 내어 읽다

우리를 감싸고 있는 대기를 조각하고 사물 자체를 그릴 수 있다면 이보다 더 영광스러운 일은 없을 것이며, 우리는 분명히 이를 해낼 수 있다. 질적으로 고양된 하루를 만드는 것이야말로 최고의 예술이 아닐까. 누구나 사소한 부분까지 잘 관리하여 하루 중 가장 고결하고 소중한 시간을 깊이 깨닫고 자신의 삶을 가치 있게 만들 의무를 가지고 있다.

—헨리 데이비드 소로, 『월든』

✤

매일 아침, 질문하다

"질적으로 고양된 하루를 만드는 것이야말로 최고의 예술이 아닐까."

헨리 데이비드 소로의 『월든』을 읽다 내 눈과 입이 한참 머물렀던 문장이다. 마음 깊이 담아보고자 여러 번 소리 내어 읽었다. 읽을수록 명문이다. 아침 일찍 일어나 나만의 시간을 갖지 않았다면 소로의 말에 이토록 깊게 공감할 수 있었을까.

어스름한 새벽 시간, 눈을 뜨면 우선 누워있는 상태에서 시원하게 기지개를 켜고 긍정 확언과 자기암시를 되뇐다. 몸을 일으켜 거실로 나와 아직 잠에서 덜 깬 심신을 위해 스트레칭을 하고 짧은 명상을 한다. 테이블에 앉아 노트북을 켜고 아침 일기를 쓴 뒤 책을 읽는다. 마음의 양분이 되는 좋은 글귀들을 소리 내어 읽다 보면 오감은 살아나고 희뿌연 내 의식은 맑고 또렷해진다. 하루를 살아가기에 충분한 양의 에너지가 내 안에 채워진다. 그 에너지로 어제보다 나은 오늘을 만들어간다. 습관처럼 올라오는 불안을 평온으로 조각하고, 잃어버린 용기와 희망을 가슴에 새기고, 상처 난 영혼을 어루만진다. 매일 아침 맞이하는 나만의 시간이 소로가 말하는 하루 중 가장 소중하고 고결한, 그리고 삶의 가치를 일깨우는 값진 시간이다.

건조기를 처음 집에 들이고 잠시 삶의 질이 높아졌다고 느꼈던 적이 있다. 젖은 빨래를 하나하나 건조대에 널어야 하는 수고가 사라졌기 때문이다. 게다가 날씨와 상관없이 보송보송하게 빨래를 건조할 수 있어 만족스러웠다. 그런데 시간이 지나자 그 만족감은 희미해지고 당연해졌다. 세탁기나 냉장고처럼 없어서는 안 되는 필수 가전제품 중 하나가 되었다. 인간의 욕심은 끝이 없다더니 이제는 빨래를 개어주는 기계는 언제쯤 상용화될지 궁금하기에 이르렀다. 물질적인 만족감은 생각보다 오래가지 않는다. 삶의 만족도를 높이려면 외부의 환경보다 자신의 내면을 가꿔야 한다. 마음의 시선이 내면을 향하고 있어야 '질적으로 고양된 하루'를 만들 수 있다.

매일 아침, 잠에서 깨어 눈 뜬 직후에 스스로에게 질문하자. 오늘이라는 시간을 어떻게 조각할 것인가? 내가 생각하는 이상적인 하루는 어떤 모습인가? 이상적인 하루를 보내고 나면 어떤 기분이 들까?

내 삶의 완벽한 주인이 되어 오늘 하루를 주도적으로 보내야 한다. 삶은 살아지는 것이 아닌 살아가는 것이다. 내가 가치 있다고 생각하는 일은 무엇인지, 행복할 때는 언제인지, 가장 나다운 모습은 어떤 모습인지. 스스로에게 끊임없이 묻고 또 물어야 한다.

질문하는 삶은 곧 성장하는 삶이다. 스스로에게 던지는 질문이 무엇이냐에 따라 삶의 방향이 정해진다. 자신과의 대화가 깊어질수록 나아갈 방향을 잃지 않고 가치 있는 삶을 살아갈 수 있다. 가장 고결하고 소중한 시간이 되어줄 나만의 시간을 확보해 만족스러운 오늘을 조각해 보자.

✤

'부럽다' 대신에 '축하해!'

대화할 때 자주 나오는 나의 말버릇 중 하나가 "부럽다"였다. '부럽다'는 상대가 내가 갖지 못한 것을 가졌거나 내가 할 수 없다고 생각하는 것을 해냈을 때 자신도 그렇게 하고 싶다는 마음이 들었음을 나타내는 말이다. 보통 이 단어를 무의식적으로 내뱉을 때가 많았다. 부럽다는 말을 듣는 상대는 기분이 나쁘지 않다. 오히려 누군가에게 부러움을 받는 대상이 됨으로써 기분이 좋아지는 긍정적인 표현이다. 그렇다면 그 말을 내뱉고 있는 나 자신에게는 어떨까?

회사를 그만둔 다음부터 직장인 친구를 만나면 나도 모르게 부럽다는 표현을 무한 반복했다. 나의 의지로 직장을 그만두었음에도 무의식적으로 내가 갖고 있지 않은 직장인이라는 타이틀을 부러워하고 있음을 알아차릴 수 있었다. 지인이나 친구가 좋은 집으로 이사했다거나 얼마의 돈을 벌거나 모았다는 소식을 들으면 "와, 정말 부럽다!"라는 표현이 내 입에서 자동으로 흘러나왔다. 문제는 그렇게 말을 내뱉고 나면 나는 영원히 그런 집을 가질 수 없고 그런 돈을 만질 수 없는 존재가 되어 버리는 기분이 든다는 것이었다. 그렇다 보니 '부럽다'는 말이 그 자체로 의미를 다하지 않고 '나는 왜 이정도밖에 되지 않지?'라는 자괴감으로 이어졌다.

어느 날부터인가 내가 습관처럼 내뱉는 부럽다는 표현이 거슬리기 시작했다. 부럽다는 말이 나를 의기소침하게 만들고 있음을 인식할 수 있었다. 습관처럼 반복되는 말이 스스로에게 부정적인 정체성과 믿음을 만들어 자존감을 낮추는 원인이 되기도 하는데, 부럽다는 말은 나에게 그런 말이었다. 자존감이 높았다면 부러운 마음이 비교하는 마음으로 이어지지는 않았을 것이다. 자존감이 높은 이들에게 부러운 마음은 성장의 동기나 자극제가 되기도 한다. '나도 그렇게 해 봐야지! 저들처럼 열심히 하면 분명 성공할 수 있을 거야!'라 는 긍정적인 마음가짐으로 이어진다. 하지만 나에게는 자존 감을 갉아먹는 부정어에 불과했다.

자존심만 앞세워 '부러우면 지는 거다'라는 사고방식으로 부러운 감정을 애써 억누르고 싶지는 않았다. 그래서 선택한 표현이 "부럽다" 대신에 "잘됐다! 축하해!"이다. 나도 모르 게 시기, 질투와 같은 부정적인 감정이 순간적으로 올라오더 라도 그 감정을 표현하는 대신 칭찬과 축하의 메시지를 담아 말했다. 그러면 신기하게도 부러운 마음과 비교하는 마음이 사라졌다. 상대는 물론 나 자신까지 기분이 좋아지는 긍정적 인 표현이기 때문이다.

마음과 말이 다르면 스스로 가식적이라고 느낄 수도 있다. 하지만 그 가식적인 마음이 상대에게 잘 보이기 위한 것이 아닌 나를 위한 것이라고 생각하면 마음이 편안해진다. 이런 경험을 여러 번 한 다음부터 나는 부러운 마음이 들면 진심으로 손뼉 치며 축하할 수 있게 되었다. 마음을 다해 축하하고 나면 이미 그것을 가진 자처럼 마음이 풍요로워졌고, 내가 이미 이룬 것처럼 희망을 가질 수 있었다. "잘됐다! 축하해!"라는 말버릇이 나의 자존감도 지키고 자신감까지 키우는 매우 긍정적인 표현임을 배워가고 있는 중이다.

시기와 질투는 매우 자연스러운 감정이다. 남의 떡이 커 보이는 비교하는 마음 역시 누구에게나 있다. 하지만 그런 감정들을 어떻게 표현할지는 스스로에게 달려있다. 부러움을 칭찬으로 승화시키면 이미 가진 자처럼 마음이 넉넉해질 수 있다는 사실을 기억하자. 나의 긍정적인 말버릇이 삶의 태도를 긍정적으로 바꿀 수 있다.

간절함에는 두 가지가 있다

간절하게 바라면 이루어진다고 한다. 그런데 이 간절함은 두 가지 마음으로 나눠볼 수 있다. 긍정적인 간절함과 부정적인 간절함이다. '간절함에도 긍정이 있고 부정이 있다고?' 하며 의아해할 수 있다. 하지만 사실이다.

부정적인 간절함은, '반드시 되어야 한다'라는 생각에 갇히게 된다. 반드시 이루어져야 하기 때문에 '이루어지지 않으면 안 된다'라는 부정적인 감정으로 이어질 수밖에 없다. 이루어지지 않았을 경우를 끊임없이 생각하다 보면 쉽게 불안해지고, 조금만 계획대로 되지 않아도 스트레스를 받고

초초한 마음이 든다. 결핍에 초점을 맞춘 부정적인 마음의 상태다.

생각과 말, 감정에는 에너지가 있다. 에너지는 같은 것끼리 끌어당기는데, 내가 내보내고 있는 에너지가 부정적이라면 부정적인 현실을 끌어당긴다. 부정적인 마음 상태로 내가 원하는 현실을 만나기 어려운 이유이다.

긍정적인 간절함은, 부정적인 간절함과 완전히 반대되는 마음의 상태다. 마치 사랑에 빠진 이가 자나 깨나 사랑하는 이를 생각할 때와 같이, 머릿속에 내가 원하는 현실로 꽉 차 있다. 생각만 해도 즐겁고 가슴이 뛴다. 계속 생각하고 상상하고 말하다 보면 이미 이루어진 것처럼 충만한 마음에 이른다. 긍정적인 간절함에는 불안한 마음 보다 이루어질 수 있다는 믿음으로 가득하다.

방송인 강호동 씨가 한 예능 프로그램에서 자신이 씨름선수로 활동할 당시 간절한 마음 덕분에 우승할 수 있었던 이야기를 들려준 적이 있다. 그는 어린 시절 하루 종일 씨름 밖에 생각하지 않았다고 한다. 잠들기 직전까지도 씨름을 잘할 수 있는 방법을 생각했고 상상했다고 했다.

그러던 어느 날, 꿈속에서 씨름 연습을 하다가 그동안 보지도 듣지도 못했던 새로운 기술을 연습했다고 한다. 잠에서 깨어나 그 기술을 잊지 않고 연습한 덕분에 모든 경기에서 우승할 수 있었다고 했다. 그는 간절한 마음이 초자연적인 힘이 되어 자신을 도와주었다고 말했다. 바로 이 간절함이 '긍정적인 간절함'이다.

『기적의 입버릇』을 쓴 사토 도미오는 "우리 뇌에는 자신의 꿈에 반응하는 뇌 안테나가 있다."라고 했다. 이것은 내가 어떤 것에 집중하면 그것에 관한 정보만을 모으고 그 외에 것들은 모두 차단하는 역할을 한다.

온종일 씨름만 생각했던 강호동 씨처럼, 갖고 싶은 것이 생기면 온종일 그것만 생각나고 그것이 자주 눈에 띄었던 경험이 한 번쯤은 모두 있을 것이다. 사토 도미오는 "자신의 꿈이나 희망을 명확히 의식할 수 있다면 뇌 안테나의 작용에 의해 차츰 꿈의 실마리를 발견할 수 있는데, 중요한 것은 꿈을 명확하게 이미지화하는 일"이라고 말한다.

   지금 당신은 원하는 현실이 이루어지길 간절히 바라고 있는가?

   그렇다면 그 마음의 상태가 긍정인가 부정인가?

   만약 불안하고 초조한 상태라면 당장 알아차려야 한다. 나에게 없는 것보다 있는 것에 집중하며 감사하는 마음으로 감정의 전환이 필요하다. 마음의 시선이 감사함으로 충만해지면 긍정적인 마음 상태로 이어질 수 있다.

   '그렇게 되지 않으면 안 된다'는 부정적인 간절함 대신에 원하는 현실이 이루어졌을 때의 상황을 상상하자. 구체적이고 선명할수록 효과적이다. 이미 이루어진 것처럼 느끼다 보면 행복하고 설레는 마음의 상태로 원하는 현실을 끌어당길 수 있다.

✤

그녀의 무한 긍정어, 그리고 시크릿

한 중환자실에 심한 화상을 입은 십 대 소년이 누워있었다.
아무도 그 소년의 목숨이 언제까지 이어질지 알 수 없었다.
자원봉사를 하는 대학생 한 명이 우연히 이 병실에 들어오게
되었다. 그 대학생은 붕대를 칭칭 감고 있는 소년에게 중학
교 문법에 대해 가르쳐 주었다. 소년이 알아듣고 있는지 확
인할 수 없었지만 자원봉사자는 며칠 동안 열심히 가르쳤다.
그런데 놀라운 일이 일어났다. 의사들도 회복 가능성이 희박
하다고 생각했던 이 소년의 상태가 극적으로 나아지기 시작
했다. 몇 주가 지나고 소년은 붕대를 풀어도 될 정도로 상태
가 호전되었다.

사람들이 물었다.

"대체 어떻게 이렇게 금방 나을 수 있었던 거니?"

소년은 말했다.

"한 대학생 형이 와서 다음 학기에 학교에서 배울 내용을 가르쳐주더군요. '아! 의사 선생님이 내가 나을 거라고 생각했나 보다. 그러지 않고서는 저 형이 다음 학기 공부를 가르쳐주겠어?' 하는 생각이 들었어요. 그때부터 왠지 몸이 가벼워졌어요."

곧 나을 거라는 믿음, 소년의 긍정적인 착각이 희망이 되어 건강이 회복되는 기적을 만들었다. 긍정적인 믿음이 긍정적인 에너지를 만들고 긍정적인 현실을 창조한 것이다.

그녀는 나와 많이 달랐다. 특히 언어가 달랐다. 분명 같은 한국어인데 다른 언어처럼 느껴졌다. 내가 "어떻게 그럴 수 있어?"라고 묻게 되는 상황에서 그녀는 "그럴 수 있지."라고 말했다. "아, 그러면 안 되는데!"라고 말하면 그녀는 "재밌잖아."라고 했고, "하고 싶긴 한데, 할 수 있을까?"라는 말에 "못할 이유가 뭔데? 당장 시작해!"라고 답했다.

그녀의 교통사고 이야기를 들었을 때는 언어가 달라 이해할 수 없을 지경이었다. 가족들과 차를 타고 여행을 가는 길에 경미한 교통사고가 났는데 그녀의 입에서 흘러나온 첫말이 "좋은 일이 있으려나 봐!"였다고 한다.

오래된 차도 아니고 새 차를 타고 가다가 난 사고여서 더 속상할 법도 한데, 사고 직후 반사적으로 뱉은 말이 어떻게 '긍정어'일 수 있을까? 나라면 어떤 말이 먼저 튀어나왔을까?

나의 언어가 대부분 '부정어'였을 당시 그녀의 '무한 긍정어'는 이상하리만큼 어색했다. 외계어만큼은 아니어도 매우 신기했다. 더 놀라운 사실은 그녀의 무한 긍정어가 상당 부분 노력에 의해 만들어졌다는 점이었다.

어린 시절 어려운 환경 속에서 자란 그녀는 20대 때, 책 『시크릿』을 만나면서 인생이 달라졌다고 했다. 그 책을 만나기 전까지는 가시를 바짝 세운 고슴도치처럼 '건드리기만 해봐!'라는 공격적인 태도와 까칠한 마음 자세로 살았다고 했다. 언제든 찌를 준비를 하며 세상을 부정적으로 바라보던 그녀는, 지금까지의 현실이 모두 자신의 잘못된 믿음과 부정적인 생각의 결과물임을 깨달았다. 그날 이후 매일 아침, 저녁으로 자신의 소망을 반복해서 종이에 적고 긍정적인 생각과 말을 하려고 노력하기 시작했다. 그 결과 책 속에 나오는 인물들처럼 바라던 현실이 이루어지는 경험을 맛보았다고 했다. 그때부터 웬만한 어려운 상황에서도 긍정적인 면을 바라보려고 노력했고, 지금의 고통이 분명 도움이 되는 날이 올 거라는 믿음이 생겼다고 했다.

그녀의 이야기를 듣고 책장에 오랜 시간 꽂혀 있던 붉은색의 빛바랜 책 한 권이 눈에 들어왔다. 『시크릿』이다. 처음 읽었을 때는 나도 그녀처럼 가슴이 두근거릴 정도로 설렜다. 시간이 지나 좀처럼 바뀌지 않는 내 삶을 바라보며 허무맹랑한 책이라고 낙인을 찍은 뒤 손이 닿지 않는 책장 가장 위 칸에 꽂아두있다. 이사를 다닐 때마다 버릴까 말까를 고민하기도 했다. 십여 년 넘게 방치해두었던 그 책을 의자를 놓고 올라가 다시 꺼내 읽었다. 전에는 보이지 않던 내용들이 정신 없이 눈에 들어왔고 책이 닳도록 여러 번 반복해서 읽었다.

그 책에서 말하는 모든 메시지는 부정할 수 없는 사실이었다. 40년 넘게 살아온 내 인생이 너무나 분명하게 증명해 주었기에 의심의 여지가 없었다. 생각이 현실이 되는 끌어당김의 법칙은 중력과 같이 생각이 현실이 되는 끌어당김의 법칙은 중력과 같은 자연의 법칙이다. 에너지는 같은 것끼리 끌어당긴다. 나는 어떤 에너지를 방사하고 있는가? 지금 이 순간 내 안에는 어떤 생각들로 가득 차 있는가? 긍정보다는 부정적인 에너지를 훨씬 더 많이 내보내고 살아온 나에게 지금의 현실은 당연한 결과였다.

자신이 하는 말에 귀를 기울이다 보면 나의 대한 믿음을 알아차릴 수 있다. '나는 어떻다'라는 정체성은 확고한 믿음이 되어 나의 의지를 무색하게 만든다. '나는 먹을 때 가장 행복한 사람이야.'라는 정체성을 가진 이가 365일 살을 빼야 한다는 의지를 갖고 다이어트를 한다면 성공할 수 있을까?

오랜 시간 동안 나는 "저질 체력이야. 기계치야. 너무 예민해. 운동신경이 없어." 이런 말들을 달고 살았다. 40년 가까이 지켜온 이 정체성은 뭐든 쉽게 시작할 수 없고 할 수 없는 사람으로 만들었다.

자기계발 전문가인 제임스 클리어는 『아주 작은 습관의 힘』에서 "우리가 하는 행동들은 대개 각자의 정체성을 반영한다. 우리는 의식했든, 의식하지 않았든 자신이 어떤 사람인지 스스로가 믿고 있는 대로 행동한다. 수년 동안 스스로에게 한 가지 이야기를 반복해서 들려주면 어느새 익숙해져서 이를 사실로 받아들이기 쉽다."라고 했다. 사람을 움직이는 가장 큰 비밀은 정체성이라는 것이다.

나 자신에 대한 정체성은 내가 만들어 낸 것이 아닐 수도 있다. 어릴 적 반복해서 들었던 부모의 말이나 환경에 영향을 받아 굳어진 믿음일 수도 있다. 사람은 같은 생각과 말을 반복하는 경향이 있다. 작은 씨앗처럼 심어진 작은 믿음도 반복해서 생각하고 말하면 커다란 나무로 자라난다. 굳은 신념이 되고 믿음이 된다.

지금 내가 보고 경험하는 현실은 내가 수없이 내뱉은 말과 생각의 결과물이다. 현실에 대한 인식 또한 내가 하는 말의 영향을 받는다. 『시크릿』으로 삶의 태도를 긍정적으로 바꾼 그녀는 현재 경제적으로 매우 안정되어 있으며 하고 싶은 일에 늘 적극적으로 도전하는 자신감 넘치는 삶을 살아가고 있다. 긍정의 프레임을 씌워 세상을 바라본 뒤부터 삶을 즐기는 자가 되었기 때문이다. 긍정적인 믿음과 에너지가 삶에 얼마나 큰 영향을 미치는지 그녀를 통해 실감할 수 있었다.

이 사실을 깨닫고 나도 모르게 부정적인 혼잣말이 새어 나오면 입을 꽉 틀어막기도 했다. 오랜 시간 쌓아온 믿음을 바꾼다는 것은 매우 어려운 일이다. 그렇지만 의식적으로 긍정적인 말을 하려고 노력 중이다. "나는 운이 좋다!"라는 말을 하루에 세 번만 말해도 기분이 좋아진다. 부정적인 생각이나 걱정이 올라오면 "감사합니다!"라고 소리 내어 말한다. 알아차렸다는 것 자체만으로도 얼마나 감사한 일인가.

지금 이 순간 내 삶이 만족스럽지 않고 절망적인 현실에 빠져 있다면 오늘 하루 자신이 내뱉은 말들을 점검해 보자. 우리는 자신에 대한 믿음에 따라 행동한다. 내가 반복적으로 하는 말, 혹은 습관처럼 내뱉는 혼잣말 속에 나의 정체성이 담겨 있다.

소리 내어 읽다

지금 당신의 삶은 지난날 당신이 한 생각들이 현실로 반영되어 나타난 결과물이다. 과거에 한 생각 중에는 훌륭한 생각도 있고, 그렇지 못한 생각도 있다. 누구나 자신이 가장 많이 생각하는 것을 끌어당기기 때문에, 지금까지 당신이 삶의 여러 가지 일들에 관해 어떤 생각을 해왔는지 알아보기란 어렵지 않다.

사람들이 원하는 것을 얻지 못하는 유일한 이유는 원하는 것보다 원하지 않는 것을 더 많이 생각하기 때문이다. 당신이 하는 생각과 말을 곰곰이 살펴보라. 법칙은 완벽해서 오류가 없다.

—론다 번, 『시크릿』

Saying Is Believing

오래전에 누군가 나에게 물었다. “산이 좋아? 바다가 좋아?” 이 질문을 받기 전까지 단 한 번도 산과 바다 중 어디가 더 좋은지 생각해 본 적이 없었다. 대답을 꼭 해야 하는 상황이어서 약간의 뜸을 들인 후 “산이 더 좋은 것 같아요.”라고 대답했다. 시간이 흐르고 또 다른 이가 나에게 같은 질문을 던졌다. 나는 지난번보다 더 짧게 고민한 뒤 “산이 좋아요!”라고 대답했다. 그 이후 여러 번 내 입으로 산이 좋다고 말했고, 나는 바다보다 산이 더 좋은 사람이 되어 있었다. 말이 생각을 만들어준 경우다.

더 재밌는 사실은 산이 좋다고 말한 다음부터 산이 좋은 이유를 찾게 되었고 산에 가면 기분이 좋았다. 지금은 단순히 산이 좋은 것을 넘어 등산 애호가가 되었다. 반대로 바다보다 산이 더 좋다고 말한 이후부터 바다가 싫은 이유를 생각했다. 이유를 찾으니 전에 없었던 바다에 대한 부정적인 관념이 생겨버렸다.

머릿속에 맴돌던 희미한 생각을 타인에게 말하고 나면 구체적이고 선명해졌던 경험이 한 번쯤 있을 것이다. 떠오른 생각을 글로 적을 때도 그 생각을 말로 한 번 내뱉고 나면 글을 쓰기가 훨씬 수월해진다. 이처럼 말은 생각을 정리해 주기도 하고 때로는 생각을 만들기도 한다.

우리 뇌는 한 번에 두 가지 생각을 못 한다고 한다. 그렇기 때문에 무언가에 대한 긍정적인 관념과 부정적인 관념이 공존할 수가 없다. 산이 좋다는 말을 몇 번 반복했을 뿐인데 산이 좋아진 것과 같이 인간의 뇌가 매우 복잡하다고 하지만 이렇게 단순하기도 하다.

언어는 우리 생각의 틀을 만든다. 내가 하는 말이 무엇을 생각할 수 있는지를 결정할 수 있다는 뜻이다. 먼저 말하고 다음에 생각하는 것을 나는 '선 말 후 생각'이라고 부른다. 이것을 잘 이용하면 내가 원하는 현실을 끌어당길 수 있다.

뇌과학자들의 연구에 의하면 뇌세포의 **90%** 이상이 말의 지배를 받는다고 한다. "말이 씨가 된다."라는 우리의 속담은 매우 과학적인 말이다. 반복할수록 그 힘은 더 강력해진다. 말과 생각을 반복하면 믿음이 되고 믿음은 행동으로 이어진다. 자주 내뱉는 말이 현실을 창조한다. "나는 할 수 없어."라는 말을 자주 되뇌면 할 수 없는 사람이 되고, "나는 충분히 할 수 있어!"라고 말하는 사람은 어떤 일이든 할 수 있게 된다. 말하는 것이 곧 믿음이다.

일정한 관념이나 생각을 반복하여 자기 자신에게 암시를 주는 일을 '자기암시'라고 한다. 자기암시요법의 창시자인 에밀 쿠에는 "우리가 살아 있는 동안 무의식중에 쓰는 도구"가 자기암시라고 했다. 그는 자기암시를 잘 쓰면 엄청난 혜택이 있지만 잘못 쓰면 독이 된다고 했다. 부정적인 생각과 말을 반복하는 것도 자기암시다. 긍정적인 자기암시를 하고 긍정적으로 말하는 습관을 들이는 것보다 더 중요한 것은 부정적인 말버릇을 줄여나가는 것이다. 나에게 독이 되는 자기암시를 알아차리는 것이 선행되어야 한다.

긍정적인 자기암시를 할 때는 자신이 원하는 것을 정확하게 주문해야 한다. '할 수 있는 것'에 대해 "해본다."가 아닌 "할 수 있다." 혹은 "한다."라고 말해보자. "해본다."라는 말은 이미 "안 돼도 할 수 없지."라는 실패에 대한 두려움이 담겨 있기 때문에 실패한 상황을 상상하게 만든다.

상상은 의지보다 강하다. 의지와 이성을 앞세워 논리적으로 따지면 이 세상에는 할 수 있는 일보다 할 수 없는 일이 더 많다. 논리만이 사실이고 진리라면 하늘을 날고 싶은 라이트 형제의 상상이 현실이 될 수 있었을까?

그렇지만 바꿀 수 없는 현실은 받아들여야 한다. 사고로 잃은 팔이 정상으로 돌아오는 것을 상상하고 자기암시를 한다고 해서 원하는 현실을 만날 수 있을까? 바꿀 수 없는 현실은 냉정하게 받아들이는 연습이 필요하다.

사이먼 쿠퍼는 말했다.

"할 수 있다고 말하다 보면 결국 실천하게 된다."

Saying Is Believing.

내가 원하는 현실을 끌어당기고 싶다면, 지금 당장 나의 목표와 소망 등을 종이에 적어보자. 이미 이루어진 모습을 생생하게 상상하며 명확하고 구체적으로 적어야 한다. 그 종이를 눈에 잘 띄는 곳에 붙여두고 매일 소리 내어 읽어보자. 거울을 보며 읽으면 더 효과적이다. 밝은 표정으로 확신에 찬 어조로 또박또박 읽는 것이다. 매일 소리 내어 읽는 나의 소망들이 무의식까지 깊게 새겨질 수 있도록 반복하는 것이 핵심이다. 반복적으로 소리 내어 말한 나의 소망은 무의식에 기록되어 나의 행동을 조정한다. 원하는 목표가 이루어질 수 있도록 행동하게 만든다. 내가 산을 좋아한다고 말한 뒤 등산 애호가가 된 것처럼 말이다.

"해야 할 일은 늘 쉽다고 생각하라 그러면 불필요한 힘을 쓰지 않게 된다. 어렵다고 생각하면 필요한 것의 열 배, 스무 배의 힘을 쓰게 된다. 이것은 낭비다."

—에밀 쿠에

당신에게 중요한 '단 하나'는 무엇입니까?

· 들어가는 글 ·

대부분의 사람들은 단 하나의 올바른 일을 해내면 얼마나 많은 일들을 할 필요가 없게 되는지 잘 이해하지 못한다. 중요한 일에만 집중하고 초점을 흐트러뜨리는 다른 일들을 피하면 인생을 송두리째 변화시킬 가능성이 더 커진다.

당신의 습관이 당신이 누구인지 말해 준다. 당신이 얻는 성취는 한 번의 행동이 아닌 삶에서 만들어진 습관에서 나온다.

안녕하세요! 나의 소리 책갈피 소리 내어 읽다입니다.

우리는 어제보다 나은 오늘을 위해, 더 나은 내일을 위해 계획을 세우죠. To do list를 종이에 적어 잘 보이는 곳에 붙여두기도 하고 다이어리나 스마트폰을 이용해 체크하기도 합니다.

여러분은 매일 '해야 한다'고 생각하는 것들이 보통 몇 개나 되나요?

저는 평균 3~4개 정도 되는데요. 그런데 유독 많은 날이 있어요. 그런 날을 보면 그 전날 계획대로 하나도 지켜지지 않아서 다음날로 미뤄진 겁니다. 근데 이게 악순환인 게 이렇게 해야 할 일이 많아지면 더 하기 싫고 한 가지에 집중하기 어렵습니다. 해야 할 일이 너무 많으면 뭔가 마음만 분주하고 결국 지켜지지 않아서 그날 밤이 되면 약간의 죄책감 같은 게 스멀스멀 올라오기도 하는데요. 여러분은 어떠세요? 저만 그런가요?

이런 죄책감이나 좌절감에서 벗어나 매일 매일 성공하는 하루를 보낼 수 있는 가장 확실한 방법이 있습니다. 바로 딱 한 가지에 집중하는 건데요.

우리에게 주어진 시간과 에너지는 한정되어 있죠. 한정된 시간과 에너지 안에서 만족스러운 삶을 살아가려면 무언가를 계속 더 하려는 더하기보다 빼기가 필요합니다. 항상 시간에 쫓기는 기분이라면 주어진 시간에 너무 많은 일을 해야만 한다고 느끼고 있는 건 아닌지 점검해보시기 바랍니다.

오늘 읽어드릴 책 『원씽』은 오직 한 가지 질문만 합니다.

"당신의 단 하나는 무엇인가?"

『원씽』의 부제는 '복잡한 세상을 이기는 단순함의 힘'인데요. 책 전체 내용을 함축적으로 잘 표현하고 있습니다.

저는 이 책을 통해 제가 세웠던 수많은 계획들이 왜 지켜지지 않았는지 그 이유를 알게 되었는데요. 무엇보다도 내 인생에서 가장 중요한 것은 무엇인지 생각해볼 수 있었다는 점에서 좋았습니다.

저의 낭독을 듣고 나에게 가장 중요한 단 하나는 무엇인지 한번 생각해보시길 바랍니다.

게리 켈러의 『원씽』입니다.

5장

마음, 듣다

Energy is eternal delight.

"에너지는 영원한 기쁨이다."

—윌리엄 브레이크

✤

게으른 완벽주의자

게을러서 그런 줄 알았다. 일의 우선순위에 있어 가장 상단에 있는 중요한 일일수록 미룰 수 있을 때까지 미뤘다. 학생일 때는 벼락치기로 시험과 과제를 해냈고, 사회인이 되어서는 데드라인에 임박해 '아! 큰일이다.' 하며 번갯불에 콩 구워 먹듯 중요한 업무를 처리했다.

성격이 다소 급한 편인데도 이상하게 중요한 일이라고 인식하는 순간부터 행동하지 않았다. 머릿속에는 그 일을 시간에 맞춰 끝내야 한다는 걱정으로 가득해 다른 일에 집중할 수 없었다. 결국 생각만 하다 쫓기듯 일을 마무리하고, 그런 내 모습을 마주할 때마다 자괴감이 들었다.

시간에 쫓겨 처리한 일의 결과가 만족스러울 리 없었다. 미루는 습관과 그에 따른 결과는 나의 자존감을 갉아먹는 주범 중 하나였다. 고치고 싶어도 쉽게 달라지지 않았다.

그런데 심리학책과 심리학을 기반으로 하는 자기계발서들을 자주 접하며 하나의 사실을 알게 됐다. 이 미루는 습관이 게을러서가 아닌 완벽주의가 만들어낸 강박 증상이었던 것이다. 실패의 두려움에 대한 방어기제였다. 중요한 일로 인식되면 불확실한 결과에 대한 걱정이 두려움을 만들어내고 그로 인해 느껴지는 긴장감을 낮추기 위해 미룰 수 있을 때까지 미루고 보는 것이다.

『시작의 기술』에서 게리 비숍은 말한다.

"확실성을 찾아 불확실성으로부터 도망친다면, 환상에 불과한 것을 위해 사실상 인생에서 유일하게 보장되어 있는 것을 거절하는 셈이다."

확실성은 환상이라는 것이다. 우리는 언젠가 죽는다는 것 외에 확실한 것은 아무것도 없다. 당장 오늘 하루도 무사히 살아서 존재할 수 있을지, 내일 아침 눈을 뜰 수 있을지조차 알수 없다. 알 수 없는 인생이기에 불안감은 누구에게나 있을 수있는 자연스러운 감정이며 본능적인 감정이다. 사람마다 그불안을 느끼는 강도가 다를 뿐이다. 당장의 편안함을 위해 일을 미룬다고 불확실성이 사라지는 것 또한 아니다.

롭 무어의 『결단』 중에 나오는 문장, "지금 시작하고 나중에 완벽해져라!" 시작부터 하라는 이 단순한 진리에 머리를한 대 맞은 기분이었다. 이 한 문장이 내 삶의 방향성을 제시해 주었다. 아무것도 하지 않으면 아무 일도 일어나지 않는다. 성공도 실패도 시작을 해야 얻을 수 있는 결과다. 그걸 모르는 것도 아닌데, 나는 왜 실패부터 생각했던 것일까? 과정보다 결과에 집착하게 된 이유는 무엇일까? 완벽을 추구하는 마음은 언제부터 시작된 것일까?

나 자신에게 질문하고 답을 찾는 시간을 가졌다. 언제나 시작이 어려웠던 지난날의 나를 부정하고 책망하기보다 이해하려 노력했다.

현재 나에게 가장 중요하고 가치 있는 일이 무엇이냐고 묻는다면 지금 쓰고 있는 이 책이다. 책을 쓰기 시작한 지 벌써 2년이 지났지만, 쓰기에 속도가 붙은 지 얼마 되지 않았다. 역시나 '미루는 습관'이 작동했기 때문이다. 첫 개인저서에 너무 많은 의미를 부여하고 있었다. '첫'은 말 그대로 '맨 처음'이기에 완벽과는 가장 거리가 먼 단계이다. 처음부터 잘 쓰고 싶은 마음은 어불성설임을 알면서도 잘 써야 한다는 생각 때문에 글을 쓰는 시간이 스트레스로 느껴졌다. 어느 순간부터 쓰는 날보다 어떻게 쓸지 고민하는 날이 많아졌다. 슬럼프에 빠져 한동안 쓰는 행위를 멀리하기도 했다. 나에 대해 누구보다 잘 아는 친구가 어느 날 이런 말을 해주었다. "네가 책을 발로 썼으면 좋겠어. 머리 쓰지 말고 발로 써!" 잘 쓰고 싶은 욕심, 애쓰는 마음 모두 내려놓고 발로 쓰듯 편하게 써보라는 말이었다.

그 친구의 말을 듣고 나는 지금 발로 쓰듯 가벼운 마음으로 이 책을 쓰고 있다. 단 한 문장이어도 충분하다는 생각으로 부담 없이 키보드를 두드리고 있다. '불멍'하듯 노트북 모니터 속 흰 페이지를 뚫어지게 바라보던 '게으른 완벽주의자'는 '성실한 대충주의자'가 되어 부지런히 쓰고 지우고를 반복하고 있다. 내 컴퓨터 안에는 완성된 글보다 쓰다가 만 글들이 훨씬 많다. 제목만 적은 글도 있고, 딱 한 문장으로 끝난 글들도 있다. 가끔 미완성된 글들을 읽어보다 아이디어가 떠올라 비슷한 주제로 새로운 글을 쓰기도 하고, 또 다른 글의 글감으로 이용하기도 한다. 작은 시작들이 씨앗이 되어 생각지도 못했던 꽃을 피우고 열매를 맺기도 한다는 것을 경험하고 있는 중이다.

시작보다 과정과 끝이 중요하다고 한다. 하지만 게으른 완벽주의자에게는 시작이 중요하다. 시작은 곧 행동이고 행동하면 경험하게 된다. "발로 써!"라는 친구의 조언 덕분에 미루는 습관에서 조금씩 벗어나고 있다. '부족하면 채우면 그만이지!'라는 생각으로 행동하고 있다. 행동하지 않으면 생각은 그저 생각일 뿐이다.

소리 내어 읽다

당신이 갖게 될 거라고 기대했던 삶이 아니라, 지금 당신이 가진 삶을
사랑하라.

'나는 아무것도 기대하지 않고 모든 것을 받아들여'.
이 간단한 단언이 당신을 머릿속에서 나와 삶 속으로 뛰어들게 해줄
것이다. 생각에서 벗어나 현실로 들어가게 해줄 것이다. 인간이라면
누구에게나 문제와 장벽과 불화와 실망이 삶의 일부처럼 존재한다.

—게리 비숍,『시작의 기술』

걷는 사람은 공간이 아닌
시간 속에 거처를 정한다

나의 일상은 매우 단조롭다. 아이를 키우는 들쑥날쑥한 엄마로서의 삶을 덜어내고 나면 매일 똑같은 하루가 펼쳐진다. 쓰고 읽고 녹음하고 영상을 편집해 업로드하고, 틈틈이 집안일과 식사준비를 한다. 이 단조로움의 끝은 걷기다. 걷기가 빠진 하루는 마침표를 찍지 않은 문장처럼 어색하다. 걷고 나면 오늘 하루를 잘 보냈다는 안도감이 든다.

학창시절에는 체육시간만 되면 사라지고 싶었다. 신이 나에게 매우 섬세한 감각기관을 선물로 주셨지만 운동신경은

깜빡한 게 분명하다. 그래서일까? 운동신경이 필요 없는, 그 저 묵묵히 발을 움직이면 되는 걷기가 좋았다. 걷기 위해서는 타고난 운동신경보다는 지속할 수 있는 인내만 갖추면 된다. 어쩌면 걷기라도 잘한다고 말하고 싶었는지도 모른다. '숨 쉬는 거 말고는 운동할 줄 몰라요.' 보다는 낫지 않은가.

걷기가 일상이 아닌 중심이 되었던 적이 있다. 코로나19로 온 세상이 불안에 휩싸여 있던 2020년 한 해는 걷기가 나의 삶을 지탱해 주었다. 남편이 출근하고 아이가 유치원을 가면 나만의 공간이 되었던 집이, 코로나19로 인해 온종일 가족이 함께 머무는 모두의 공간이 되었다. 출근하지 않는 남편과 초등학생이 되었지만 학교에 갈 수 없는 아이가 있는, 삼시 세끼를 고민하고 평소보다 잦은 '화'가 오고 가는 불편한 공 간으로 달라져 있었다.

지금은 익숙해진 그 생활이 당시는 숨쉬기 힘들 정도로 답답했다. 답답한 마음이 목구멍까지 치솟으면 당장 옷을 갈아 입고 밖으로 뛰쳐나왔다. 처음에는 마스크를 하고 걷는 것이 불편했지만 집에 있는 답답함과는 비교할 수 없어 꾹 참고 오래도록 걸었다. 나보다 더 답답해 보이는 아이와 손을 잡고 집 앞 동산을 오르기도 했다. 걸을수록 불필요한 감정들을 덜어내기 쉬워졌고 마음의 폐활량도 커졌다.

걷는 순간만큼은 나를 중심으로 세상이 펼쳐진다. 내가 빠르게 걸으면 세상도 빠르게 흐르고, 내가 숨을 고르며 천천히 걸으면 세상 또한 느리게 움직인다. 혼자여도 외롭지 않다. 누군가와 속도를 맞출 필요 없이 온전히 나로 살아가는 기분으로 내가 주인공이 될 수 있다. 날씨가 좋은 날은 양팔을 펼쳐 들고 깊게 호흡하며 걷는다. 맑은 공기가 내 가슴을 채우면 세상 누구도 부럽지 않다. 음악이나 동영상 강의를 들으며 걷기도 하지만 가장 매력적인 걷기는 아무 생각 없이 걷는 것이다.

목적지 없이 마음 가는 대로 터벅터벅 걷다 보면 무념무상의 상태에 이른다. 답답했던 한 해를 무사히 통과하고 몇 년 전 읽다 만 『걷기예찬』을 다시 펼쳐 들었다. 어렵게 느껴지던 문장들이 온몸으로 이해되는 기쁨을 만끽할 수 있었다. 어떤 내용에서는 전율이 느껴졌다. "사실 걷는 사람은 공간이 아니라 시간 속에다가 거처를 정한다."라는 다비드 르 브르통의 이야기가 목적 없이 걷는 이의 자유로움을 대변한다.

생각이 가득해 머리가 복잡할 때는 빠르게 걸어본다. 뛰듯이 걸으면 거친 호흡과 함께 근심걱정들이 날숨으로 빠져나가는 기분이 든다. 가벼워진 마음으로 걷고 또 걷다 보면 반드시 돌아가야 할 지점을 선택해야 한다. 걸어온 만큼 돌아가야 한다. 돌아가야 할 곳이 있다는 것만으로 마음이 위안이 되기도 한다. 나라는 인간은 몸을 써야 정신이 가벼워지나 보다. 손을 써서 글을 쓰고, 입을 움직여 책을 읽고, 두 다리로 걸어야만 예민하고 복잡한 신경 체계가 단순해진다.

여러 철학가와 예술가들이 걷기를 명상에 비유했다. 생각을 비우는 명상의 효과가 걷는 행위로도 가능하다는 말이다. 니체 역시 산책하며 아무것도 하지 않는 시간을 명상이라 여겼다. 그는 매일 8시간 이상 걸었으며 그의 위대한 저서들 대부분은 산책 중에 떠오른 영감으로 쓰였다고 한다. 니체가 산책하며 느낀 기쁨을 담은 편지에서 걷기가 그의 삶에 얼마나 큰 영향을 주었는지 짐작할 수 있다.

"나 자신을 훨씬 뛰어넘었지. 마침 숲속을 지나가던 한 남자가 나를 무척 유심히 보더군. 그 순간 내 얼굴은 넘치는 행복으로 빛나고 있었을 거야."

　　　　　　　　　　—시라토리 하루히코, 『니체와 함께 산책을』

리베카 솔닛은 『걷기의 인문학』에서 걷는 행위를 바느질에 비유한다.

"걸어가는 사람이 바늘이라면 걸어가는 길은 실이 되고, 걷는 일은 찢어진 곳을 꿰매는 바느질입니다. 보행은 찢어짐에 맞서는 저항입니다."

나는 오늘도 상처 나고 구멍이 난 일상을 걷기로 한 땀 한 땀 꿰매어 본다. 지칠 만큼 걷다 걸음이 느려지면 스스로에게 '다 잘 될 거야, 충분히 잘하고 있어.'라고 위로를 건넨다.

걷기와 위로를 반복하다 보니 삐뚤빼뚤 틀어져 보이던 세상 만사가 꼼꼼하게 박음질 된 튼튼한 옷처럼 불안하지 않다.

<u>소리 내어 읽다</u>

걷는 것은 자신을 세계로 열어놓는 것이다. 발로, 다리로, 몸으로 걸으면서 인간은 자신의 실존에 대한 행복한 감정을 되찾는다. 발로 걸어가는 인간은 모든 감각기관의 모공을 활짝 열어주는 능동적 형식의 명상으로 빠져든다. 그 명상에서 돌아올 때면 가끔 사람이 달라져서 당장의 삶을 지배하는 다급한 일에 매달리기보다는 시간을 그윽하게 즐기는 경향을 보인다. 걷는다는 것은 잠시 동안 혹은 오랫동안 자신의 몸으로 사는 것이다. 숲이나 길, 혹은 오솔길에 몸을 맡기고 걷는다고 해서 무질서한 세상이 지워주는 늘어만 가는 의무들을 면제받는 것은 아니지만 그 덕분에 숨을 가다듬고 전신의 감각들을 예리하게 갈고 호기심을 새로이 할 수 있는 기회를 얻게 된다. 걷는다는 것은 대개 자신을 한곳에 집중하기 위하여 돌아가는 것을 뜻한다.

—다비드 르 브르통, 『걷기예찬』

✤

선을 밟아도 괜찮아

아이가 길바닥 보도블록의 선을 밟지 않으려고 요리조리 피해 걷는 걸 보았다. 아이는 뒤따라 걷고 있던 나를 향해 소리쳤다.

"엄마도 선 밟으면 안 돼!"
"왜?"
"그냥… 싫어."

사실 아이가 선을 밟지 않는 이유가 궁금하지 않았다. 이런 것도 유전되나 싶어 놀라울 뿐이었다. 지금은 거의 사라졌지만 어린 시절의 나도 아이와 같았다. 바닥에 그어진 선을 밟는 것이 싫었다. 내 아이와 같이 그냥 싫었다. 횡단보도를 건널 때는 흰색 바닥면만 밟아야 마음이 편했다 '선을 밟는 것이 죽기보다 싫어!' 정도는 아니었기에 내가 이상하다고 생각해 본 적은 없었다.

그러다 20대 때 「이보다 더 좋을 수 없다」라는 영화를 보게 됐다. 주인공을 연기한 잭 니컬슨이 보도블록 선을 밟지 않으려고 뒤뚱거리며 걷는 모습이 우스꽝스러웠다. 강박장애를 앓고 있는 인물을 표현한 장면이었다. 그 장면을 보고 잠시 '그럼 나도 강박증인가?' 하는 생각이 들기도 했다. 그 이후 애써 횡단보도의 검은 면을 밟아보기도 했지만 그런 의식적인 행동이 마음을 더 불편하게 만들었다. 다행인 것은 주인공처럼 괴팍한 성격을 가지고 있다거나, 결벽증이 있는 것은 아니라는 점이었다. 그렇지만 심각한 정도는 아니어도 선을 밟고 싶지 않은 마음이 강박증의 한 증상일 수 있음을 알게 되었다.

강박증은 불안을 잠재우기 위한 행동이라고 한다. 불안은 생존을 위해 누구나 가지고 있는 자연스러운 감정이지만, 불안의 정도가 높으면 뒤뚱거리며 걷는 잭 니컬슨처럼 삶이 힘들고 날카로워진다.

그렇다면 나를 그토록 불안하게 만든 것은 무엇일까? 나는 언제 가장 불안한가? 스스로 이런 질문을 던졌어야 했다. 그런데 그동안 내게 이런 질문을 던지기보다, 불안 지수가 높고 예민한 몸과 마음이 나의 단점이자 문제라고 여겼다. 고쳐야 한다고 다그쳤다.

아이를 낳기 전부터 육아 서적이나 육아 관련 방송 프로그램을 좋아했다. 여기에서 자주 다루는 내용 중 하나는 '아이의 기질 이해하기'이다. 육아계의 뽀통령이라 불리는 오은영 박사 역시 아이의 기질부터 파악해야 문제에 접근할 수 있다고 늘 강조한다. 부모가 아이의 기질을 이해하고 육아의 태도를 바꾸자 문제아로 보이던 아이의 행동이 마술처럼 달라지는 것을 볼 때마다 신기하고 놀라웠다.

기질적으로 예민하고 까다로운 아이가 있는가 하면 무던하고 순한 아이들도 있다. 나와 내 아이는 전자임에 틀림없다. 아이의 기질에 따라 육아법이 달라야 한다. 타고나기를 예민하고 까다로운 아이에게 "왜 그렇게 예민하게 구니? 그런 행동은 잘못된 거야!" 하고 묻거나 다그친다면 아이의 불안 지수만 높이는 꼴이다.

부모가 아이의 감정을 이해해 주지 못하면 아이는 자신의 감정을 잘못된 거라고 받아들인다. 자신의 감정을 부정당한 경험이 쌓일수록 있는 그대로의 자신을 사랑하기 어렵다. 이런 아이들은 보통 자신을 사랑하지 않는 성인으로 성장하게 된다.

어린 시절의 나처럼 선을 밟지 않으려는 아이를 보면서, 거울처럼 나를 따라 하는 아이를 보면서 지난날의 나를 돌아보고 이해하게 되는 순간을 맞이한다. 이제는 안다. '선을 밟는 게 싫구나.' 하고 그 마음을 있는 그대로 인정해주면 그만이라는 것을. 인정해주고 바라보면 그 감정은 별 탈 없이 흘러간다. 선을 밟아도 아무렇지도 않은 성인으로 성장할 수 있다.

물고기가 물속에 있음을 의식하지 못하듯 불안에 휩싸여 있으면 불안을 의식하지 못한다. '지금 내가 불안하구나.' 하

고 인정해주지 않고 불안을 붙들고 스스로를 다그치면 불안
의 크기만 커진다. 예민하고 까다로운 기질은 단점이 아니라
성향이고 나만의 고유함이다. 존재 자체만으로 감사하고 사
랑스러운 내 아이를 바라보듯이 너그러운 마음으로 나 자신
을 바라보는 연습이 필요하다.

당신의 마음은 당신 것입니까?

마음이라는 것이 내 것인지 아닌지조차 의식하지 못했을 때에는, 마음에 끌려다닐 뿐 마음의 움직임을 전혀 인식하지 못했다. 고삐 풀린 망아지처럼 무의식이 잘못된 방향으로 달아나고 있어도 전혀 눈치채지 못했다. 두려운 마음, 불안한 마음, 화가 잔뜩 난 마음, 증오하는 마음. 이런 마음들이 강하게 밀려오면 속수무책으로 휘둘렸다. 나는 비관적인 사람이기 때문에 부정적인 감정은 지극히 자연스러운 것이었다. 화가 치밀어 오르면 화난 사람이고, 시기와 질투로 마음이 요동치면 질투심이 많은 사람이다. 익숙한 감정들이 곧 나였고 그 감정들을 의심하지 않았다.

그러니 마음공부를 하면서 마음은 내가 아니며, 내 안에서 일어나는 어떤 것임을 배우고 있다. 화라는 감정이 사라지면 나는 누구인가? 기쁨이라는 감정이 사라지고 나면 나는 누구인가? 그 마음을 바라보는 자는 누구인가? 마음이 내가 아니라는 것을 아는 것이 마음공부의 첫걸음이다.

마음공부를 막 시작했을 때에는 마음을 관리하는 것이 매우 어렵게 느껴졌다. 부정적인 감정이 올라오면 애써 외면하며 억누르는 것이 마음을 관리하는 것인 줄로만 알았다. 긍정적인 마음의 상태를 유지해야 한다는 생각에 부정적인 감정이 느껴지면 더 예민하게 반응하며 저항하려 했다. 저항하면 할수록 부정적인 마음은 더 강해졌고, 그럴 때마다 혼란스러웠다.

우리의 무의식에는 내가 의식하지 못하는 나에 대한 모든 정보가 저장되어 있다. 내가 매 순간 보고 느끼는 모든 장면과 생각들이 한 장 한 장 사진처럼 무의식에 저장된다. 그리고 무의식에 차곡차곡 쌓인 정보들은 감정으로 드러난다. 내가 의식하고 기억할 수 있는 현재 의식과 다르다. 무의식은 감정으로 신호를 보내기 때문에 불쑥불쑥 올라오는 자신의 감정에 관심을 기울여야 한다.

예를 들어 유아기 때 바다에 빠졌던 경험이 있다면 바다에 빠진 일을 기억하지 못하더라도 바다를 볼 때마다 불안한 감정이 일어날 수 있다. 자신도 모르게 바다는 무섭다는 믿음이 형성되어 있기 때문에 무의식에서 불안한 감정을 불러일으킨다. 바다를 보면 바다에 빠진 자신의 모습을 상상하기도 한다.

바다에 대한 부정적인 믿음을 새로 고치기 위해 가장 먼저 해야 할 것은 바다를 볼 때마다 불안한 감정이 일어나고 있음을 인식하는 것이다. 그 감정을 바라보며 관찰해야 한다.

마음을 다룬 책들에 종종 인용되는 '북극곰을 생각하지 말라.'라는 연구가 있다. 이 연구에서 실험 대상자들에게 북극곰을 절대 생각하지 말라고 한 뒤 북극곰이 생각나면 벨 소리를 울리라고 요청했는데, 그 결과 벨 소리가 쉴 새 없이 울렸다고 한다.

이처럼 인간은 어떤 생각을 억제하며 저항할수록 더 집착한다. 반드시 해야 한다거나 하지 말아야 한다는 생각 자체가 부정적인 생각으로 이어질 수 있다. 반드시 해야 하는데 못했거나 하지 말아야 할 것을 하게 되면 그 결과에 더 집착하게 된다. 부정적인 생각과 감정을 자연스럽게 흘려보내려면 우선 저항하지 않고 직시해야 한다. 다음으로 그 마음을 제3자가 바라보듯 관찰해야 한다. 관찰자가 되어 바라보는 것만으로도 충분히 흘려보낼 수 있다.

불안이라는 감정을 잠재우는 것에 그치지 않고, 좋아하고 사랑하고 싶다면 상상의 힘을 이용하면 효과적이다. 예를 들어 바다를 사랑하고 싶다면 바다에서 즐겁게 수영하는 자신의 모습을 상상해본다. 피부에 닿는 부드러운 바닷물의 촉감과 바다 위로 쏟아지는 눈부신 햇살, 싱그러운 바다의 향기를 맡으며 즐거워하며 즐기는 모습을 상상한다. 오감을 이용해 생생하게 느껴보는 것이다. 지속적으로 상상하다 보면 나의 무의식 속에 저장된 '바다는 무섭다.'라는 믿음이 긍정적으로 바뀔 수 있다.

무의식에 박혀있던 부정적인 믿음을 긍정적으로 바꾸는 것,

이것이 무의식의 정화다. 칼 구스타프 융은 말했다. "무의식을 의식화하지 않으면 무의식이 우리의 삶의 방향을 결정하게 되는데, 사람들은 이를 두고 '운명'이라고 부른다." 무의식을 의식화해 정화하는 작업은 마음의 주인이 되는 매우 적극적인 방법이다. 마음의 주인이 되면 지금의 모든 현실은 나의 책임이며, 나의 삶은 내가 만들어가는 것이고, 모든 것이 내 안에 있음을 깨닫게 된다. 운명의 파도에 몸을 맡기는 수동적인 존재가 아닌 운명을 만들어가는 개척자가 될 수 있다. 운명탓을 하며 수동적이고 부정적이었던 삶의 태도를 내려놓고 능동적이고 긍정적으로 변화할 수 있다.

나의 유튜브 채널에는 마음과 관련된 책들이 주를 이루고 있다. 나의 영혼을 깨운 책들을 소개하고 또 그 책들을 읽으며 얻은 깨달음을 공유하고 있다. 마음을 깨우고 단단하게 만들어주는 자기암시, 긍정 확언, 명상 가이드 영상들도 부지런히 업로드 중이다. 마음의 주인이 되지 못했던 과거의 나처럼 부정적인 감정에 휘둘리며 삶을 비관적으로 살아가는 이들에게 '우리는 마음의 주인이 될 수 있다.'라는 것을 알려주고 싶다.

나의 진심이 전해졌는지 내 채널의 영상을 보고 인생이 달라졌다는 구독자분들의 메시지를 종종 만난다. 지구 반대편에 계신 구독자 한 분은 긍정적인 마음의 울림을 선물로 받았다며 혼자서는 잘 깨닫지 못한 삶의 비밀 코드를 소리로 들려줘서 고맙다고 전했다. 또 어떤 이들은 매일 밤낮으로 내 영상을 들으며 힘을 얻고 있으며 기분 좋은 하루하루를 보내고 있다고 했다. 숨을 쉴 수 없을 정도로 답답한 현실 속에서 마음의 산소호흡기가 되어주어 감사하다는 댓글에는 감동을 넘어 마음이 울컥하기도 했다. 나 또한 그들에게서 마음의 위로와 긍정의 에너지를 받는다. 내가 미처 깨닫지 못한 진리를 깨우쳐주는 이들도 있고 매일 나와 교감하며 긍정적인 메시지를 보내주는 이도 있다. 나의 유튜브 채널이 많은 이들의 마음과 마음이 오고 가는 따뜻한 공간이 되어가고 있다. 함께 마음공부를 하는 동반자들이 나날이 늘고 있다는 사실에 마음이 든든하다.

나의 마음공부는 현재 진행형이다. 여전히 부족하고 배워야 할 것들이 많다. 조금만 관리를 소홀히 해도 지난 과거를 후회하고 오지 않은 미래에 불안해하고 있는 나 자신을 발견한다. 그래도 다행인 것은 그런 나의 마음을 의식하고 있는 것과 부정적인 감정들을 외면하지 않고 있는 그대로 바라볼 수 있는 용기가 생겼다는 점이다. 마음이 곧 나 자신인 줄 알고 끌려다니던 지난날의 내가 아닌 마음의 주인이 되어가고 있으매 안심이 된다. 마음은 눈에 보이지 않기에 소홀하기 쉽다. 지난 몇 년간 마음을 공부하고 관리하며 알게 된 분명한 사실 하나는 마음도 건강이나 자산처럼 끊임없이 관리해야 좋아진다는 것이다.

경청, 마음을 기울여 듣다

불안과 두려움에 잠식되어 있을 때 "걱정하지 마!"라는 말처럼 겉도는 말이 있을까? 마음이 아픈 이에게 "힘내!"라는 말 역시 마찬가지다. 그 말에 오히려 힘이 빠지기도 한다. 물에 젖은 솜처럼 무기력하고 우울할 때는 그런 말들이 침묵보다 더 차갑게 느껴지기도 한다. 분명 나를 위해 건넨 말임에도 불구하고 마음으로 전혀 와닿지 않았다. 오히려 그 말 한마디가 '나의 감정과 너의 감정은 완전히 다른 상태'라고 선을 긋는 듯했다. 공감받지 못한 기분은 '괜히 말했어. 혼자 삭히고 말걸.'이라는 후회로 이어지기도 한다.

전문 심리상담가들이 내담자들에게 절대 하지 않는 말 중

하나가 "힘내세요."라는 말이라고 하는 걸 보면, 그런 응원의 말을 듣고 기분이 상했던 나의 감정이 이상하거나 잘못된 것은 아닐 것이다.

오랜만에 만난 친구와 카페에 앉아 대화를 나누고 있었다. 친구 A가 조심스레 이야기를 꺼냈다. "나 지난번 그 일로 많이 힘들었어." 그때 친구 B가 바로 말을 끊었다. "네가 겪은 그 일은 진짜 별일도 아니야! 난 그것보다 몇 배는 더 힘들었잖아."라며 자신이 겪었던 일을 장황하게 풀어놓는다. 그 순간 친구 A는 어떤 기분이 들었을까? 자신의 말을 끝까지 듣지도 않고 자신의 고통의 크기가 더 크다고 말한 친구 B의 말에 분명 불편한 마음이 들었을 것이다. 친구 B는 나의 고통의 크기와 비교하면 너의 고통은 별것 아니라고 위로하고 싶었는지도 모른다. 그러나 친구 B가 아무리 좋은 의도로 말했다 한들 공감의 언어가 될 수 없다.

"내가 대신 아팠으면 좋겠다." 가끔 아이가 아플 때 혼잣말처럼 내뱉던 말이다. 아이의 아픔을 대신할 수 없다는 사실을 알면서도 우리는 사랑하는 이가 힘들어하면 그 아픔을 껴안고 싶어진다. 살아온 환경과 성향의 차이로 사람마다 느끼는 고통의 크기는 같을 수 없다. 그 고통을 해석하는 것도 다르다. 다시 말해 나의 고통을 타인이 해결해 줄 수는 없다. 고통을 덜어주고 보듬어줄 순 있어도, 없었던 것처럼 사라지게 하거나 해답을 주기는 어려운 것이 사실이다.

   몇 달 전 같은 아파트에 살면서 알게 된 동갑내기 친구가 꺼이꺼이 울며 나에게 전화를 했다. 친정엄마가 사고로 양손을 잃었다고 했다. 사고 내용이 끔찍해서 고통의 크기가 가늠조차 되지 않았다. 당장 뭐라고 말을 해줘야 할지 도무지 떠오르지 않았다. 친구가 자신의 감정을 모두 토해낼 수 있도록 들어주고 함께 울어주는 것 외에 내가 할 수 있는 일이 없었다. 그녀는 병원을 오가며 엄마를 돌보다 눈물이 쏟아질 때마다 전화를 걸거나 문자 메시지를 남겼다. 나는 마음이 진정될 때까지 실컷 울라는 말만 반복했다. 얼굴 한 번 본 적 없는 친구의 엄마였지만 나는 안타까운 마음에 며칠 동안 잠을 설쳤다.

고통의 크기가 상상초차 되지 않는 상황에서 내가 "힘내!"라는 긍정의 피드백을 주었다면 공감과 위로로 이어질 수 있었을까?

　감정을 조절하는 긍정 버튼, 용기 버튼, 행복 버튼…. 뭐 이런 것들이 있어서 필요에 따라 버튼을 켜고 끄면 좋겠지만 우리의 마음은 기계가 아니다. 누군가 자신에게 어려움을 토로하면 도움을 주고 싶은 마음에 답을 줘야 한다는 생각부터 들 수 있다. 하지만 그럴싸한 답변보다 공감이 먼저다. 공감의 전제조건은 경청이다. 경청은 공감의 언어 중 가장 큰 힘을 발휘한다. 섣부른 응원의 말보다 따뜻한 눈빛으로 귀 기울여 듣는 것이 우선되어야 한다.

　위로란 "힘내!"라고 말하는 것이 아니라 "힘들지?" 하고 묻는 것이라는 양광모 시인의 말이 떠오른다. 상대의 고통이 충분히 이해되지 않는 상황이라면 힘든 마음을 묻거나 '당신의 이야기를 귀 기울여 듣고 있어요.'라는 경청의 태도만으로도 위로를 전할 수 있다. 귀 기울여 듣고 상대의 마음을 함께 느껴주는 것, 이것이 진정한 공감이다. 경청하는 마음의 자세가 공감의 최선이자, 최고의 방법이 아닐까.

시절인연도 인연이다

어느 날 내 핸드폰에 저장되어 있는 연락처들을 훑어봤다. 문득 이 수많은 연락처 중에서 언제든 전화하면 기분 좋게 통화할 수 있는 관계가 얼마나 되는지 궁금했다. 열 손가락으로 충분히 세고도 남을 정도로 매우 적다는 사실에 씁쓸한 마음이 들었다. 만나온 인연들이 대부분 시절인연이었던 것이다. 시절인연인 줄도 모르고 관계 속에서 느꼈던 뜨거움과 차가움에 일희일비하며 마음을 쏟은 지난 시간들이 허무했다.

나와 연결된 인간관계를 떠올려 보면, 만나면 마음이 편안하고 기분이 좋아지거나 긍정적인 자극을 주는 관계가 있다. 반대로 나 자신을 비난하게 만들거나 마음을 복잡하게 만드는 관계도 있다. 적당한 거리를 유지해야 하는 서늘한 관계가 있는가 하면, 자주 보고 친밀하게 다가가야 더 깊어지는 관계도 존재한다. 가족 혹은 절친이라는 이유로 무조건적인 이해와 사랑을 바라거나 측은지심으로 겨우겨우 이어가는 버거운 관계도 있다.

　우리는 때로 마음이 내키지 않아도 거절이 어려워 만남을 이어갈 때가 있다. 막상 만났을 때에는 최선을 다하지만 집에 돌아와 생각해보면 남는 건 후회뿐이다. 예전의 나는 그런 만남 후 집에 돌아오면 배터리가 방전된 듯 기운이 다 빠졌다. 그리고 내가 한 말, 상대가 한 말을 여러 번 곱씹어 보았다. 이 불편한 마음은 무엇인지, 뭐가 문제였는지 궁금했고 답을 찾고 싶었다. 생각이 많아질수록 모든 화살은 나를 향했다. 상대가 아닌 오직 나 자신에게서 그 원인을 찾다보면 어느새 나는 문제투성이가 되어 있었다. 불편한 감정을 느끼는 그 자체도 내가 부족하기 때문이라고 결론지었다.

그러나 오랜 시간 관계의 단절을 경험하면서 만남 후에 찾아오는 불편한 마음의 원인을 헤아릴 수 있게 되었다. 그 이유는 매우 단순했다. 그저 나와 맞지 않는 관계였던 것이다. 나와는 다른 에너지를 갖고 있거나 가치관이 다르면 마음이 불편하고 덜컹거릴 수밖에 없다.

자연에서 자생하는 나무와 달리 제한된 공간에서 키우는 나무의 경우 건강한 성장을 위해 '가지치기'가 필요하다. 공간에 맞지 않게 웃자라거나 겹쳐 자라는 잎이 많으면 가지치기는 선택이 아닌 필수다. 잘 자라고 있다고, 멀쩡해 보인다고 그대로 두면 영양분과 햇빛이 골고루 전해지지 않아 성장에 문제가 생긴다. 적당한 시기에 가지치기를 해주어야 아름다운 수형을 유지하며 건강하게 자란다. 가지치기는 나무를 아프게 하는 게 아니라 성장시키는 일이다.

인간관계도 마찬가지다. 얼기설기 얽혀 서로의 성장을 방해하는 관계는 정리해야 한다. 혹여나 아플까 봐 잘라내지 않은 가지가 결국 나무 전체를 병들게 할 수 있듯이 나와 맞지 않는 관계는 언젠가 문제를 일으킨다.

지난 10년간 관리하지 않아 무성하게 자라 엉켜있던, 애쓰고 노력해야 하는 관계는 모두 정리하기로 했다. 이제 더는 금방 뜨거워졌다가 차갑게 식어버리는 양은 냄비 같은 관계는 만들고 싶지 않았다. 나 혼자만의 일방적인 정리였지만, 상대가 눈치채지 못하는 것으로 미루어 보아 멀어져도 그만인 심드렁한 관계였으리라. 새로 자라난 가지보다 잘라낸 가지가 많아 겨울나무처럼 썰렁해졌지만 마음은 이전보다 가볍고 평온하다.

가지치기만큼 신중해야 하는 관계는 새로 맺는 관계다. 짧은 대화만으로도 다시 보지 않을 인연임을 확신할 때가 있는데, 확신이 들면 바로 끊어내야 한다. 현재 나와 연결된 인간관계를 살피고 가지치기가 필요한 관계가 있다면 용기 내어 잘라 내거나 적당한 거리를 유지하자. 가지치기한 관계가 많을수록 알 수 없는 허무함과 외로움이 더 깊게 찾아올 것이다. 하지만 시간이 지나면 알게 된다. 내게 남은 소중한 관계에 더 많은 관심과 사랑을 쏟을 수 있다는 것을.

지금 생각해보면 코로나19라는 팬데믹 상황이 오기 전부터 나는 이미 사회적 거리두기를 하고 있었다. 관계에 있어 이기적으로 생각하고 행동했다. 늘 상대의 마음부터 생각하던 전과 달리 내 마음부터 챙겼다. 그리고 깨달았다. 진짜 인연은 어떤 상황에서도 만나고 연락을 하게 된다는 것이다. 팬데믹과 같이 특수한 상황에서도 흔들리거나 멀어지지 않는다. 전화 한 통, 문자 하나로도 모자람 없이 소통할 수 있다. 오히려 비대면 생활에 익숙해지면서 만남이 신중해졌고, 만나야 할 관계인지 한 번 더 생각했기에 만남 자체가 소중해졌다. 시절인연에 대한 냉소적인 시각도 바뀌었다. 수많은 시절인연이 없었다면 지금의 소중한 인연을 알아보는 안목도 없었을 것이다.

시절인연은 모든 인연에 오고 가는 시기가 있다는 뜻으로 본래 부정적인 의미가 아니다. 굳이 애쓰지 않아도 만나게 될 인연은 만나게 되어 있고, 아무리 애를 써도 만나지 못할 인연은 만나지 못한다는 말이다. 애를 쓰는 것 자체가 자연스럽지 않은 것이기에 애를 쓰지 않고도 만나게 되는 시절인연이라면 인연으로 받아들여야 할 것이다. 결국 시절인연도 인연이다.

내가 갖고 있던 인간관계에 대한 관념을 정리해보았다. 그리곤 나쁜 관계는 없다고 정의 내렸다. 나와 맞지 않는 관계가 있을 뿐, 영원하고 완벽한 인연이라는 건 어차피 존재하지 않는다고 깔끔하게 정리했다.

읽을수록 무겁게 느껴지던 시 한 편이 다르게 읽힌다. 정현종의 '방문객'이다. 처음 이 시를 만났을 때 "사람이 온다는 건 한 사람의 일생이 오기 때문에 실로 어마어마한 일"이라는 시 구절이 크게 와 닿았다. 사람과 사람이 만난다는 건 실로 어마어마한 일이기에 감당하기 어려웠다고, 그동안 관계 속에서 느꼈던 나의 어려움을 위로할 수 있었다. 몇 년이 지나 다시 읽은 이 시는 '한 인간의 일생의 무게'보다 '부서지기 쉬운 마음'에 마음이 쓰였다. 부서지기 쉬운 연약한 존재들의 만남이기에 소중히 다뤄야 한다. 소중한 인연일수록 서로의 성장을 방해하지 않도록 적당한 거리와 시간이 필요하다.

거울나무처럼 휑하던 내 인언의 나무에 봄이 오려나 보다. 잎이 모두 떨어진 가지마다 새살이 돋는 듯 간질간질하다. 나도 이제 반짝이는 초록빛 새싹을 만나고 싶다.

소리 내어 읽다

사람이 온다는 건

실은 어마어마한 일이다.

그는

그의 과거와

현재와

그리고

그의 미래와 함께 오기 때문이다.

한 사람의 일생이 오기 때문이다.

부서지기 쉬운

그래서 부서지기도 했을

마음이 오는 것이다

— 정현종, 「방문객」 중에서

오늘부터 나는 새로운 인생을 시작한다

· 들어가는 글 ·

오늘부터 나는 변한다.

새로운 인생을 시작한다.

오늘부터 나는 좋은 습관을 만들고,

기꺼이 그 습관의 노예가 되리라.

안녕하세요! 나의 소리 책갈피 소리 내어 읽다입니다.

늘 가까이 두고 생각날 때마다 꺼내 보고 싶은 책이 있습니다. 제 책상에는 그런 책들이 여러 권 놓여 있는데요. 오늘 소개해 드릴 책은 제가 요즘 자주 소리 내어 읽어보는 책 중에 하나입니다.

바로, 『위대한 상인의 비밀』입니다.

세계적인 성공학 작가인 오그 만디노의 첫 책으로 1968년도에 출간되어 지금까지 2,500만 부가 판매되었다고 합니다. 반세기가 넘는 시간동안 전 세계 경영자들의 필독서로 읽히고 있다는데요. 워낙 유명한 책이어서 제목이 낯설지 않거나 읽어보신 분들도 많으실 겁니다. 책이 얇고 술술 잘 읽혀서 집중해서 읽으면 1~2시간이면 충분히 읽을 수 있는 책입니다. 무엇보다 10가지 부의 비밀을 하나씩 하나씩 풀어가는 구성이 흥미로웠습니다.

첫 번째 두루마리를 보면 두루마리에 적힌 내용들을 매일 하루에 세 번씩, 아침에 일어나서, 점심 먹고 난 후, 잠들기 전에 소리 내어 읽게 되면 두루마리 속 내용이 잠재의식까지 스며들어 매일 아침 일어날 때마다 전에 느끼지 못했던 생명력을 얻게 될 것이라고 말하는데요.

부와 행복이 함께하는 풍요로운 삶, 성장하는 삶을 살고 싶다면 귀 기울여 들어보시길 바랍니다.

6장

마 음 , 읽 다

He who has never hoped can never despair.

"희망을 품지 않은 자는 절망도 할 수 없다."

―조지 버나드쇼

✤

내가 외로웠던 이유

연년생인 언니들과 늦둥이 막내 사이에 낀 셋째 딸. 나는 그 유명한 딸 부잣집 셋째 딸이다. "형제가 어떻게 되니?"라고 어른들이 물으면 나도 모르게 "딸만 넷에 셋째인데요." 하며 '딸만'이라는 말을 강조해서 말했다. 여자들이 많은 것이 우리 집만의 고유한 정체성이라 여겼다. 키우던 강아지까지 암컷이어서 아빠는 언제나 우리 집의 청일점이었다. 아빠는 조용하고 매우 내향적인 데 반해 엄마는 완전히 다른 성격의 소유자다. 말씀도 많으시고 사람들이 모이는 걸 좋아하셔서 우리 집의 인구밀도는 종종 하늘을 찔렀다. 늘 북적였고 시끌벅적했다.

아빠를 닮았는지 사람 많은 건 딱 질색이었던 나는, 집에 손님들로 북적이면 숨고 싶었다. 어른들이 오시면 인사만 조용히 건네고 방에 꼭꼭 숨어있다시피 했다. 문제는 이런 나의 성향에 일관성이 없다는 점이다. 집안에 사람이 북적대면 미치도록 혼자 있고 싶은데, 막상 혼자 있으면 사무치도록 외로웠다. 뭔가 텅 비어있는 기분이었다. 참 이상하다. 혼자가 되고 싶던 그 간절한 마음은 온데간데없이 사라졌다. 나의 마음이 도통 이해되지 않았다. 이런 이중적인 마음 때문일까? 스무 살만 넘으면 당장 독립하고 싶었건만, 딸 넷 중 가장 늦게 결혼했고 결혼 전에도 단 한 번도 혼자 살아본 적이 없다.

사실 결혼 전에는 식구가 많아 혼자 있는 시간이 그리 많지 않았다. 결혼 후 아이를 낳기 전까지 딱 1년 반 정도 혼자만의 시간이 주어졌다. 남편이 아침에 출근하면 완벽한 나만의 시간이었다. 막상 혼자가 되자 즐기기는커녕 너무도 외롭고 우울했다. 회사 다닐 때 그토록 부러워하고 갈망하던 자유로운 시간인데도 불구하고 전혀 즐겁지 않았다. 허한 마음에 시도 때도 없이 먹을 것을 찾아 먹고, 멍하니 TV를 보며 시간을 보냈다. 분명 회사를 그만두면 배우고 싶고 하고 싶은 것들이 많았다. 여행, 영어 공부, 캘리그래피, 보태니컬 아트 등등. 완전한 자유가 주어지자 아무런 의욕도 생기지 않았다. 혼자 있는 시간이 길어질수록 시들어버린 꽃처럼 생기를 잃었다.

그랬던 내가 지금은 혼자 있는 시간이 전혀 외롭지 않다. 혼자라서 느낄 수 있는 자유로움을 제대로 만끽할 수 있게 되었다. 뭔가 대단하고 보람된 일을 하지 않아도, 아무것도 하지 않고 가만히 있어도 충만한 기분이다. 혼자가 되면 허기진 마음을 달래기 위해 끊임없이 먹을 것을 찾아 입에 넣던 습관도 사라졌다.

언제부터 달라졌는지 곰곰이 생각해보니 나를 만나는 시간이 많아지면서다. 있는 그대로의 나를 이해하고 사랑하면서부터 더 이상 외롭지 않았다. 이유를 알 수 없던 나의 외로움의 이유는 내 안에 내가 없었기 때문이다. 항상 타인의 시선을 의식하고 타인과 비교하며 살았다. 내가 아닌 타인을 위해 행동했다. 타인에게 인정받지 못하면 우울했고 인정받기 위해 최선을 다했다. 내 삶의 주인은 내가 아닌 타인이었다. 텅 비어있으니 공허하고 외로울 수밖에 없었다.

지금 혼자 있는 시간이 외롭다면, 타인과 있는 시간보다 더 힘들게 느껴진다면, 자신의 내면을 바라보자. 혹시 내 안에 나는 없고 타인만 있는 것은 아닌지 살펴봐야 한다. 자신의 마음의 시선이 어디를 향하고 있는지 관심을 기울여보자. 지금의 내 모습이 답답하고 보기 싫고 못나 보여도 괜찮다. 그 모습 또한 나의 일부분으로 받아들여 보자. 이 세상에 완벽한 사람은 없다고 위로하며 있는 그대로의 나를 너그럽게 받아들이고 이해해 주자. 나와의 만남이 잦아지고 친해지면 혼자만의 시간이 더 이상 외롭지 않게 될 것이다.

<u>소리내어 읽다</u>

만남 중에서 지고의 만남은 참된 자아와의 만남이다.

자신 속에 있는 진아를 깨닫는 사람은 결코 외로움을 느끼지 않는

법이다.

—스와미 라마, 『히말라야 성자들의 삶』

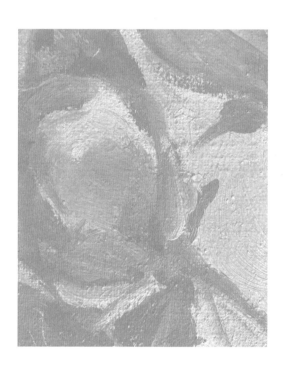

✣

죽기 전에 후회 없이 한번 건들대보라고

나서는 것을 싫어하고 드러내는 것을 몹시도 힘들어하는 성격이다. 그런 내가 여섯 살 무렵 동네 행사로 마련된 무대 위로 올라가 사정없이 엉덩이를 흔들며 춤을 췄다고 한다. 사회자인 뽀빠이 아저씨가 춤을 잘 추는 아이에게 선물을 준다는 말에 1초의 고민도 없이 튀어 나갔단다.

그 이후로도 친척들이 한 집에 모이는 명절날이 되면 나는 어김없이 거실 한가운데서 양손 검지를 치켜세우고 '찔러찔러' 춤을 추며 엉덩이를 흔들었다. 내 이마에 종이돈을 부쳐 주는 어른들도 있었다. 어렴풋이 기억이 날랑 말랑한 그 일들을 엄마는 가족들이 모인 자리에서 추억처럼 자주 떠올리

섰다. 그 얘기를 들을 때마다 마치 내 얘기가 아닌 듯 어색하게 웃곤 했다. 내향적인 성격이라고 철석같이 믿고 살아온 나에게 매우 희귀하고 어울리지 않는 추억이다.

누구의 시선도 신경 쓰지 않고 정신없이 엉덩이를 흔들며 즐거워하던 그 아이는 어디로 사라진 걸까?

언제부턴가 나는 열정적인 사람 앞에 서면 작아졌다. 열정은 나와 어울리지 않는 감히 넘볼 수 없는 무언가와 같았다. 자신을 드러내는 것에 한 치의 머뭇거림이 없는 이들 앞에서도 마찬가지다. 늘 타인의 시선을 신경 쓰며 내 감정을 제대로 드러낸 적이 없었다. 열정적인 모습 대신 내가 할 수 있는 최선은 성실함뿐이었다. 열정에 불타올랐다가 금세 시들해지는 이들을 보며 열정보다 성실함이 낫다고 우겨보기도 하고, 자신을 가감 없이 드러내는 이들을 '너무 나서는 거 아냐!'라며 낮춰 보기도 했다. 그러다 가끔씩 내면 깊은 곳에서 뜨거운 무언가가 올라오면 애써 다시 밀어 넣었다. 나와 어울리지 않는다고 생각했다. 그런 나 자신이 참 못나 보였다.

문제는 글을 쓰면서 이 못난 나 자신과 자주 대면하게 된다는 것이다. 드러내지 못하는 마음은 글을 쓰는 일과 맞지 않다. 모든 글에는 내가 담겨 있고 나를 감춘 상태에서 나를 표현할 수 없다. 글 쓰는 직업을 선택한 이상 드러내기는 선택사항이 아니다. 글쓰기가 자유로워지려면 나를 드러내야 한다. 자신을 드러내야 진정한 자유를 맛볼 수 있다는 누군가의 이야기가 귓가를 맴돈다.

임종을 앞둔 이들에게 "가장 후회하는 일이 무엇인가요?"라고 물으면 '남을 의식하며 살아온 것'이라는 대답이 가장 많다고 한다. 자신이 원하는 삶을 살기보다 남을 의식하며 산 삶이 가장 후회된다는 말이다.

내가 원하는 삶은 어떤 모습일까? 나의 진짜 모습은 무엇일까? 김형영 시인이 「건들대봐」 시에서 "나뭇잎은 흥에 겨워 건들대는 거야. 천성이 그래. 사는 게 즐거운 거지."라고 말한 것처럼 어쩌면 나의 천성은 바람이 불면 바람이 부는 대로 건들대는 나뭇잎과 같을지도 모른다. 흥이 나면 누구도 의식하지 않고 엉덩이를 정신없이 흔들며 즐거워하던 어린 시절의 내가 그립다. 이제라도 본연의 나를 찾아 자유롭게 건들대고 싶다.

✣

가장 단단한 마음의 흉터

"옹이에 마디."라는 속담이 있다. 나무의 마디에 공교롭게
도 옹이가 박혔다는 뜻으로 일이 순조롭게 진행되지 않거나,
안 좋은 일들이 겹쳐서 일어날 때 쓰는 말이다. 옹이는 나무
의 몸에 박힌 가지의 밑부분으로 나무의 굳은살이다. 나무가
성장하며 남긴 상처다.

마음에 상처 없는 사람이 없듯이 옹이 없는 나무는 없다.
나무를 이용하는 인간들의 눈에는 옹이가 걸림돌이 될 수 있
지만 나무 입장에서는 아무런 문제가 되지 않는다. 땅에 뿌
리를 내리고 줄기를 뻗어내고 잎을 품어내며 살아가는 길고
긴 나무의 인생에서, 옹이는 세월의 흔적일 뿐 남은 인생에

영향을 주지는 않는다. 옹이는 가장 먼저 열정을 불태웠던 가지의 흔적에 불과하다.

살결이 여리면 가벼운 긁힘에도 상처가 난다. 가벼운 상처라고 관리하지 않고 방치하면 덧나거나 흉터로 남을 수 있다. 같은 상처가 반복되면 굳은살이 되어 감각이 무뎌지기도 한다. 고통에 무뎌졌다고 상처가 사라진 건 아니다. 아직 아물지 않은 상처는 약을 바르고 정성껏 관리하면 좋아질 수 있지만 흉터가 되어버린 상처는 어쩔 도리가 없다. 나무의 옹이처럼 말이다.

마음의 상처 역시 돌보지 않으면 흉터로 남는다. 건드려도 아프지 않은 굳은살이 되어 무덤덤해지면 좋으련만 닿을 때마다 아픈 상처가 있다. 잊고 싶지만 잊히지 않는 상처는 어떻게 해야 할까? 다행히 몸의 상처나 나무의 옹이와 달리 흉터가 되어버린 마음의 상처는 꺼내어 관리하면 나아질 수 있다. 오래된 상처도 들추어 돌보면 치유될 수 있다.

류시화 시인은 옹이는 흉터가 아니라 가장 단단한 부분이라고 말한다. 아무리 들추고 꺼내어 관리해도 쉽사리 지워지지 않는 마음의 흉터가 있다면 나를 단단하게 만들어준 성장의 과정으로 바꿔 생각해보면 어떨까? 상처가 아닌 성장의 흔적으로, 내 인생의 스토리이자 세월의 흔적쯤으로 아름답게 포장하고 바라보는 것이다. 지난날의 그 상처 덕분에 지금의 내가 있는 거라고 스스로에게 당당하게 말해보자. 새살처럼 말끔하게 지워지지는 않더라도 더 이상 덧나지 않아 남은 세월에 영향을 주지 않는 나무의 옹이처럼 말이다.

✤

나는 변하는 사람이 좋다

"한결같다."라는 말이 좋았다. 처음부터 끝까지 같은 마음을 유지하는 것이 변화보다 어렵고 가치 있는 것이라 여겼다. 한번 시작한 일은 끝까지 해야 했다. 끝까지 해내지 못한 일들은 모두 실패로 기억됐다. '이랬다저랬다' 하는 변덕쟁이는 죽기보다 싫었다. 결혼 전 이상형에 대한 질문을 받으면 밑도 끝도 없이 "한결같은 사람!"이라고 대답했다. 한결같이 나를 사랑하고 한결같이 따뜻한 사람이 최고였다. 나에게 마음의 변화는 마음의 변질이었고 거짓이었다.

그랬던 내가 지금은 '한결같음'에서 벗어나고자 한다. 한결같다는 관념이 답답하게 느껴졌다. 한결같음이 주는 안정된 느낌이 용기 내지 못하는 마음을 합리화시킬 때가 많았다. 변화하려면 용기 내야하고 시도해야 한다.

백영옥 작가의 『빨강 머리 앤이 하는 말』을 읽다가 한결같음에 갇혀 변화하지 못하는 나를 발견했다. 작가는 자신의 마지막 순간에 "아! 사람은 마지막의 마지막까지 변하는 거구나!"라는 말을 할 수 있는 사람이면 좋겠다고 했다. "변하지 않아서 좋았다."라는 말보단, "변해서 좋았다."라고 말할 수 있는 삶을 살고 싶다는 그녀의 말에 가슴이 찌릿하도록 공감했다. 그녀의 말대로 변화했다는 건 멈춰있지 않고 계속해서 시도한 결과이다. 자연은 한순간도 멈춰 있지 않다. 매 순간 변화한다. 자연의 일부인 인간에게 변화는 선택이 아닌 숙명이다. 몸과 마음의 변화는 자연스러운 일이다. 오히려 변하지 않고 고정되어 있으면 썩기 쉽다. 맑은 강물처럼 계속 흘러가야 한다.

마음을 공부하면서 내 안에 단단하게 자리 잡은 여러 관념들을 바라볼 수 있게 되었다. 강박에 가까운 시간에 대한 관념도 있고, 건강에 대한 지나친 집착도 있다. 이제 한결같음에 대한 관념도 내려놓을 때가 되었다. '한결같음'이 '변화'의 반대말이 될 수는 없다. 멈춰있는 것 또한 아니다. 무언가를 한결같이 유지한다는 것은 대단한 노력이 필요하다. 상황에 따라 엄청난 힘을 발휘하는 가치 있는 것임에 틀림없다. 내가 내려놓고 싶은 것은 처음부터 끝까지 변함없는 모습에서 느껴졌던 안정감이다. 변화가 두려워 안정감을 추구하는 그 마음을 내려놓고 유연하게 살고 싶다.

새로운 변화는 늘 불안을 동반한다. 불안하다는 이유로 시작하지 않으면 어떤 성공도 존재하지 않는다. 변화가 두려워 시도조차 하지 못하고 머물러 있는 것이 진정한 실패다. 나이가 들수록 경험이 쌓이면서 내 안에 뿌리를 내린 고정관념도 많아진다. 고정관념이 많으면 변화는 더욱 어렵다. 사소할 정도로 작은 변화를 자주 경험하면서 대담해질 필요가 있다. 이를테면 매일 가던 길이 아닌 새로운 길로 가보거나 매일 아침 마시는 커피 대신 홍차로 바꿔보는 것도 변화가 될 수 있다.

    같은 자리를 맴도는 고인 물이 아닌 늘 무언가 시도하며 변화를 즐기는 흐르는 물이 되고 싶다. 죽는 그 순간까지, 마지막의 마지막까지 도전하고 시도하며 삶을 즐기는 사람이 되고 싶다.

때로는 목적지보다
그곳으로 가는 길이 더 아름답다

이 책을 쓰며 보냈던 지난 시간을 돌아보았다. 뒤돌아보면 늘 아쉬움이 따르기 마련이다. 하지만 글을 쓰며 보낸 지난날들이 나 자신을 객관적으로 이해하는 자각의 순간이었고 내면을 성장시킨 의미 있는 시간이었음을 의심하지 않는다. 스스로에 대한 믿음이 부족할 때 글쓰기는 더욱 불안했고 고통스러웠다. 역설적으로 잘 써지지 않는 그 순간에 멈추지 않고 계속 쓰면 마음이 평온해졌다. 쓰기 싫다는 마음, 어렵다는 마음, 그 마음조차도 글로 풀어내야 하는 것이 쓰는 삶을 선택한 자의 숙명인가 보다.

글을 쓰고 나면 쓰기 전보다 조금 단단해진 내가 있었다. 쓰지 못할 이유들로 복잡하던 머릿속이 말끔해진다. 쓰기가 계속되면 나라는 인간이 닳아 없어지거나 구멍이 나는 건 아닌지 우려하던 마음과 달리, 방금 세수를 마친 마알간 얼굴처럼 투명하고 보송하다. 쓰기를 멈추는 것이 쓰기로부터 가장 멀리 달아나는 행위라는 사실을 깨닫는다. 이런 깨달음의 순간들을 여러 번 직면하고 나서야 이 책을 끝까지 쓸 수 있었다. 몸이 아파 입맛이 없을 때조차 살기 위해 밥을 챙겨 먹듯, 쓰기는 이유를 막론하고 계속되어야 한다.

쓰다 보면 어리숙하고 모자라 보이던 내가 그런대로 봐줄 만하다. 뭐가 그토록 두려웠는지, 왜 무기력했는지 쓰기 전에는 막연하고 모호하던 감정들이 이해된다. 믿고 의지할 사람은 오직나 자신뿐이라는 생각이 슬쩍 올라오면서 애쓰며 사는 내 모습이 대견할 때도 있었다. 완벽하지 못한 완벽주의자라 늘 부족해 보이고 마음에 들지 않던 내가 가끔은 사랑스럽기까지 하니 쓰는 삶을 어떻게 내려놓을 수 있겠는가.

인생의 정답은 없다. 인생의 종착지 역시 아무도 알 수 없다.

가고 싶은 길이 있다는 것, 가야 할 길이 있다는 것, 그리고 내가 가고 있는 길이 어떤 길인지 알고 있다면 그것만으로도 충분하다. 쓰면서 보냈던 시간들이 나에게 알려주었다. 도대체 어디로 가야 할지 앞이 보이지 않아 캄캄하고 답답할 때 가야 할 길을 알려주었고 또 깨어 있는 삶을 살아가도록 환하게 길을 비추었다.

에크하르트 톨레는 자신의 의식 수준이 어느 정도인지는 삶에 시련이 닥쳤을 때 해결하는 방식을 보면 알 수 있다고 했다. 어지러운 생각 속에 파묻혀 있으면 무의식적으로 살게 된다. 다시 말해 깨어 있지 않으면 어둠 속으로 더욱 깊이 파고 들어갈 수밖에 없다.

쓰기는 의식의 수준을 높이는 과정이고 쓰기가 깊어질수록 나에 대한 믿음도 커졌다. 자신에 대한 믿음이 커지면 삶에 충실할 수 있다. 만 2년 넘도록 붙들고 있던 이 책을 충실하게 살아온 삶의 증표로 아름답게 포장하며 마침표를 찍는다. '때로는 목적지보다 그곳으로 가는 길이 더욱 아름답다.'라는 말을 실감하는 순간이다.